Joël Brée

LE COMPORTEMENT DU CONSOMMATEUR

4e édition

DUNOD

Conseiller éditorial : Christian Pinson

11 rue Paul Bert, 92240 Malakoff
www.dunod.com

ISBN 978-2-10-075882-1

Sommaire

CHAPITRE 2
Traitement de l'information et processus de décision

CHAPITRE 3
Les variables internes au consommateur

Avant-propos

En augmentant le salaire de ses ouvriers de façon à ce que ceux-ci soient en mesure d'acheter les voitures qu'ils fabriquaient, Ford fait passer, au début du XXe siècle, la société américaine de l'ère de la production à celle de la consommation. Il avait compris que cela ne servait à rien d'améliorer la productivité et les processus de fabrication si les biens finis ne trouvaient pas naturellement des débouchés pour être écoulés.

En ouvrant en 1963 le premier hypermarché Carrefour, « magasin-où-l'on-trouve-tout-sous-le-même-toit », les familles Fournier et Defforey faisaient entrer la France dans une société d'abondance qui était la continuité logique de cette extraordinaire expansion économique démarrée à la fin de la Seconde Guerre mondiale.

Ces deux événements, distants l'un de l'autre de cinquante ans, ne sont que deux étapes dans les transformations profondes qu'ont connues les sociétés développées au fur et à mesure que le capitalisme s'imposait comme pensée économique dominante.

La consommation est aujourd'hui présente dans tous les rouages de la sphère sociale ; c'est vrai pour les échanges économiques (c'est là qu'elle est née), mais ça l'est aussi dans l'univers non-marchand. Même si cela peut paraître choquant pour certains, la manière dont un parti politique va définir son offre électorale et la valoriser lors d'un scrutin s'apparente totalement aux techniques d'une entreprise qui met en place une stratégie marketing pour ses produits ou ses services. Il en va de même d'une organisation caritative qui cherche à orienter les dons du public en sa faveur afin de disposer des moyens nécessaires à la réalisation de son objet.

Pour proposer une offre en phase avec les attentes d'un public-cible et savoir la valoriser dans un environnement fortement concurrentiel, il est indispensable de bien le connaître. C'est pour répondre à cette préoccupation que s'est développée la recherche en comportement du consommateur. Cette science constitue une discipline relativement jeune puisque c'est au début des années cinquante aux États-Unis qu'on peut situer les premiers balbutiements de sa forme actuelle.

Pour relever un tel défi, l'étude du comportement du consommateur doit avoir une approche très largement multidisciplinaire. Elle doit mobiliser la réflexion économique, mais aussi les sciences sociales telles que la psychologie ou la sociologie, ou bien des disciplines quantitativistes comme la modélisation mathématique ou les statistiques appliquées.

Dans le présent ouvrage, le parti a été délibérément pris de se focaliser exclusivement sur le consommateur individuel. Les achats organisationnels, professionnels ou industriels, même s'ils présentent un certain nombre de dimensions qui se retrouvent dans ce que nous pourrons dire, possèdent cependant suffisamment de spécificités importantes (centres d'achat, adéquation des intérêts personnels de l'acheteur et organisationnels de l'entreprise qui l'emploie...) pour faire l'objet de développements qui doivent leur être propres.

Le premier chapitre rappelle le caractère central des besoins et des désirs pour comprendre la consommation, souligne l'importance des mécanismes d'apprentissage, replace le comportement du consommateur dans une perspective longitudinale, et présente une vue globale du processus. Le deuxième chapitre, quant à lui, s'intéresse au traitement de l'information, à la prise de décision et à la satisfaction (ou l'insatisfaction) qui suit l'achat. Les deux derniers chapitres enfin, se penchent sur les variables internes (facteurs sociodémographiques, personnalité, implication, style de vie et style cognitif) et environnementales (culture, sous-culture, groupe, famille, classe sociale et facteurs situationnels) qui impactent la consommation.

Chapitre 1

De l'importance de comprendre le consommateur

On ne peut saisir à quel point il est essentiel, pour une organisation – et en premier chef pour une entreprise –, d'avoir une connaissance parfaite des publics dont elle dépend si on n'intègre pas le fait que ces derniers sont au centre de toutes les actions engagées. Comprendre un consommateur qui évolue en permanence suppose de faire appel à des disciplines très différentes les unes des autres. Certaines d'entre elles ont pu dominer la réflexion à un certain moment mais, en fin de compte c'est une perspective *pluridisciplinaire* qui semble être l'approche explicative la plus prometteuse. Cette évolution traduit l'importance des facteurs d'apprentissage dans le comportement de consommation, mais aussi le fruit des multiples variables, tant internes qu'environnementales ou culturelles, qui orientent en permanence les processus mobilisés.

I Le consommateur au centre des préoccupations des organisations

Les consommateurs sont, pour l'entreprise, des agents vitaux car ce sont eux qui constituent la garantie essentielle de son profit. Pour survivre dans un environnement hyper compétitif, une organisation doit savoir apporter à la cible visée une valeur perçue plus élevée que ses concurrents; la valeur consommateur pouvant être définie comme la différence entre l'ensemble des avantages perçus (*utilitaires* ou *symboliques*) apportés par un produit (pris dans son acception la plus large) et le coût (en argent, en temps et en efforts) nécessaire pour l'acquérir et pour en jouir pleinement.

EXEMPLE

Posséder une voiture peut amener des avantages nombreux et variés selon le véhicule et selon la relation personnelle qu'un individu va entretenir avec elle: liberté de transport, image valorisante auprès de l'entourage, statut social, confort, plaisir... Recevoir ces bénéfices suppose toutefois d'accepter des contreparties comme la nécessité de payer la voiture, le carburant, l'assurance, l'entretien, les stationnements, ou comme l'acceptation de contribuer au processus de pollution, de perdre du temps dans les embouteillages, de retrouver sa voiture rayée sur le parking d'un hypermarché...

Il serait illusoire d'espérer proposer une offre pertinente pour un segment de marché (et surtout de crédibiliser à ses yeux la bonne adéquation offre/attentes), sans une parfaite connaissance des individus qui le composent et de la logique qui sous-tend leurs actions.

Un des premiers arbitrages en marketing consiste à choisir, parmi tous *les segments* qui composent un marché, celui ou ceux que l'on souhaite privilégier et au(x) quel(s) on souhaite s'adresser. Pour constituer une cible acceptable, un segment doit être constitué d'individus dont les attentes fondamentales restent très proches les unes des autres de façon à pouvoir mettre en place des actions et une communication efficaces. Il doit être aussi suffisamment important en volume pour assurer un niveau de rentabilité acceptable. Il faut donc être capable de saisir l'ensemble des motivations des consommateurs, de regrouper ceux-ci en entités homogènes, de décrire les groupes ainsi constitués et de sélectionner celui (ou ceux) qui aura (ont) de bonnes chances d'accorder de la valeur à l'offre de l'entreprise.

Une autre décision fondamentale réside dans *le positionnement*: quelle position avoir dans l'esprit des consommateurs pour se démarquer des concurrents? Quelle réalité veut-on représenter pour lui? Pour une marque, être associée à une position claire présente deux atouts: se différencier des offres concurrentes et se protéger d'éventuelles attaques. Un positionnement réussi va associer étroitement la marque à un ou deux bénéfices qui, s'ils correspondent aux attentes de la cible visée, rendront très difficiles l'appropriation et la crédibilisation de ces mêmes avantages par d'autres.

EXEMPLE 1

Un fabricant de biscuits a conçu un nouveau produit. Il existe physiquement (texture, forme, goût, couleur…) mais sa réalité pour les consommateurs dépendra de son association à des moments de consommation (petit-déjeuner, coupe-faim, dessert, goûter pour les enfants…) et à des avantages spécifiques (goût, praticité, caractère nutritionnel…).

EXEMPLE 2

Plizz et O'Cedar, deux marques de dépoussiérants techniquement très proches ont créé des identités très différentes chez le consommateur : Plizz a joué sur les deux avantages « efficacité » et « absence d'efforts » alors qu'O'Cedar est devenu « le spécialiste des bois et des parquets ».

Connaître le consommateur, ses attentes et la logique de son processus décisionnel est également crucial pour assurer le succès des actions mises en place.

En ce qui concerne le produit par exemple, il serait très dangereux de ne pas s'interroger sur les réactions à la nouveauté, sur la sensibilité et la fidélité à la marque ou encore sur le ressenti par rapport à différentes formes ou différentes couleurs de *packaging*. Il importe aussi de connaître la sensibilité au prix, les éléments mémorisés qui vont activer les prix de référence ou le lien avec la qualité perçue. Pour la distribution, il faut savoir où la cible achète, comment elle se comporte au point de vente (temps passé, circuit l'intérieur du magasin, informations regardées…). Enfin, on ne peut communiquer avec un groupe de consommateurs sans connaître ses habitudes vis-à-vis de la télévision, sa navigation sur Internet, les titres de presse qu'il lit, le discours auquel il est sensible, les valeurs dans lesquelles il se reconnaît, l'humour apprécié…

Et lorsque les actions sont lancées, il serait illusoire de croire que l'analyse du comportement du consommateur est terminée. Car contrôler le suivi des opérations en cours, contrer la stratégie des concurrents et anticiper des modifications dans les réponses cognitives, attitudinales ou comportementales des consommateurs suppose l'existence d'une veille permanente.

II Les besoins et les motivations

1. Les besoins

Il faut tordre le coup à une idée reçue : le marketing ne crée pas de besoins ! Qu'on les considère comme innés ou comme le fruit d'expériences vécues, il s'agit d'un concept situé à un niveau trop profond pour que les techniques du marketing puissent agir directement dessus. Par contre elles peuvent, si des besoins prioritaires sont détectés chez des consommateurs, servir de support pour faire naître dans le groupe quelque chose de plus artificiel et de plus éphémère : un désir. Au mieux, elles peuvent réveiller un besoin qui existait à l'état latent. On peut, ainsi, définir le désir comme étant l'expression culturellement apprise d'un besoin : un Américain et un Indien, qui ont faim, ne rechercheront pas les mêmes aliments pour satisfaire ce besoin car leurs apprentissages respectifs du goût les ont conduits vers des chemins différents. Le besoin de prestige existait de la même façon qu'aujourd'hui dans l'Égypte ancienne ou au Moyen Âge mais les moyens de le satisfaire étaient bien évidemment très différents.

Il est ridicule de parler d'un besoin de smartphone. Si on aurait beaucoup de difficulté à s'en passer aujourd'hui, c'est parce qu'il représente une solution perçue comme supérieure aux autres pour satisfaire un besoin de prestige, de liberté ou de sensations. Derrière un même objet, tous les consommateurs n'achètent pas la même chose. Dans un cas, on va crédibiliser la reconnaissance sociale que la possession de ce produit en début de cycle de vie est susceptible d'apporter à son propriétaire ; dans le second, on va insister sur la possibilité de pouvoir effectuer de manière nomade toutes les opérations que l'on peut réaliser à la fois avec un téléphone et un ordinateur connecté à Internet ; dans le troisième enfin, on mettra l'accent sur la qualité des images et du son liés à l'enregistrement numérique. Sans la détection d'un besoin qui agit comme moteur (utilitaire ou hédoniste), les tentatives menées pour vendre un bien seront vaines. On ne fait pas acheter à quelqu'un – même très riche – une voiture de luxe très ostentatoire si l'automobile n'est pour lui qu'un mal nécessaire pour aller d'un point A à un point B.

L'Autrichien Ernst Dichter (1964) est celui qui a le plus contribué à appliquer ces théories dans le domaine de la consommation. Il a ainsi formalisé de très nombreuses motivations, montrant par exemple qu'à travers l'odeur du cigare, les hommes cherchent d'abord à manifester leur masculinité, ou que les individus qui refusent de manger des pruneaux (fruit ridé) traduisent une peur de la vieillesse.

Il faut toutefois être vigilant et garder le bon niveau d'analyse pour le marketing. Dans une étude du cabinet Feedback pour *Nous Deux*, un premier niveau de discours avait fait apparaître que les lectrices achetaient le magazine pour la rubrique juridique (moins d'une demi-page !). Des entretiens en profondeur avaient quant à eux fait ressortir une lecture guidée par des pulsions érotiques. En s'en tenant à ces analyses, on aurait donc transformé le journal en un concurrent de *La Gazette du Palais* ou en une publication à caractère pornographique, et certainement accentué la chute du lectorat pour cause d'ennui ou de culpabilisation. Un niveau d'analyse intermédiaire a montré qu'il fallait préserver le concept initial mais légitimer la lecture en y adjoignant la publication, sous forme de feuilletons, de romans aux qualités littéraires reconnues.

L'autre approche est l'école interactionniste. Selon les théories de Kurt Lewin (1935), l'individu interagit avec l'environnement, qui au gré de son état psychologique et des circonstances, génère des incitations ou des freins à l'action. Il s'efforce d'utiliser au mieux les premiers et de contrer l'effet des seconds.

Cette approche est une des bases de la communication publicitaire. La première étape de la création d'une campagne consiste à choisir un axe psychologique, lequel n'est ni plus ni moins qu'une motivation que l'on veut stimuler ou un frein que l'on veut réduire. On décline ensuite cet axe grâce à un concept d'évocation pour le traduire en données concrètes accessibles aux consommateurs. Puis on définit les éléments visuels et/ou auditifs qui permettront sa transmission. Mercédès travaille ainsi sur un frein : ses voitures sont perçues comme chères et réservées à des personnes d'âge mûr. L'assureur MAAF veut, lui, agir sur une motivation en garantissant des produits de haute performance dans tous les secteurs de l'assurance. Quant aux produits allégés, ils jouent simultanément sur les

Parmi les tenants du caractère innéiste des besoins, on trou Maslow (1970), qui les regroupe dans une intégration hiéra chique comprenant cinq niveaux : les besoins physiologiques (boi manger, dormir...), le besoin de sécurité, le besoin d'appartenan (à un groupe), le besoin d'estime (être reconnu par les autres da la société), le besoin d'épanouissement de soi (au travers du spo des arts...). Selon lui, un individu ne cherche à satisfaire un beso de niveau N que si ceux de niveau N-1 le sont déjà. Les besoins rang élevé ne peuvent toutefois jamais être durablement satisfait car l'individu serait alors conduit à l'inaction.

Cette théorie est toutefois combattue par les ethnologues, qui sou lignent que dans certaines sociétés dites primitives, cette hiérarchi des besoins n'est pas toujours respectée. En effet, il n'est pas rare qu les individus s'y laissent mourir de faim en contrepartie de satisfac tions apparemment futiles pour nous. Elle n'en souligne pas moin ce que recouvre le concept de besoin.

Depuis les travaux de Murray (1938), d'autres classifications qu celle de Maslow ont été proposées. Mais aucune ne présente d garantie universelle. Il convient donc, par prudence, de mener une étude exploratoire préalable pour identifier les besoins qui peuvent sous-tendre le comportement du consommateur face à une catégorie de bien donnée.

2. Des besoins aux motivations

La motivation est d'abord le fruit de l'activation d'un besoin. Elle constitue une force qui conduit l'individu à agir. Elle naît pour mettre en place une stratégie visant à réduire un décalage notable perçu, consciemment ou non, entre un état actuel et un état souhaité.

Les premiers travaux à prendre en compte ce concept sont bien évidemment d'essence psychanalytique. On sait que, selon cette vision, l'individu, sous la pression des pulsions qui le dirigent, est en permanence à la recherche d'un équilibre entre les trois dimensions que sont le *moi*, le *ça* et le *surmoi*. Lorsque cette stabilité précaire est menacée, il développe un mécanisme de défense de son ego, et pour cela, met en place des forces motivationnelles (refoulement d'une pulsion, transformation de celle-ci pour la rendre cohérente...).

deux tableaux puisqu'ils proposent un plaisir gustatif sans la culpabilisation de la prise de poids.

III Au cœur du comportement du consommateur : conditionnement et apprentissage

Tout ce qu'un individu possède comme valeurs, comme savoir ou comme savoir-faire à un moment donné de son existence est le fruit d'apprentissages[1]. C'est pourquoi les réflexions stratégiques et les actions menées par les entreprises vers les consommateurs ont pour vocation fondamentale d'agir sur un apprentissage (création, modification, ou simplement consolidation), quel que soit par ailleurs l'objectif exprimé (créer une attitude favorable, faire adopter une marque, faire mémoriser un message, asseoir un positionnement...).

1. Le concept d'apprentissage

Au sens large, l'apprentissage se réfère aux changements durables qui s'opèrent dans les réponses et qui sont le résultat de l'expérience en dehors de toute tendance innée. Cela inclut des changements d'attitudes, d'émotions, de critères d'évaluation, de comportements, de modes de résolution de problèmes... Dans le conditionnement, la réponse apprise est subie par le sujet, alors qu'il est acteur en cas d'apprentissage.

On parle d'apprentissage lorsqu'un comportement ponctuel tend à se reproduire en vue de devenir un comportement habituel. Un taux d'achat n'est donc pas un bon indicateur de l'adoption d'un produit. Il vaut mieux considérer pour cela son taux de ré-achat. Quelle que soit la technique utilisée, il faut ainsi procéder en deux temps : générer d'abord la réponse souhaitée, puis s'arranger pour qu'elle se renouvelle.

Le bon déroulement de la première étape (amener une première fois la réponse) implique la rencontre de deux choses : une pulsion interne suffisamment forte chez l'individu qui agit comme motivation (*drive*) et un signal en provenance de l'environnement externe

1 Rares sont les choses innées en matière de consommation (à l'exception d'un attrait pour certains goûts, comme le sucré).

(*cue*). Le *drive* est un élément moteur : sans lui l'individu ne consentira pas les efforts nécessaires pour aller au terme de la réponse ; on ne fait pas apprendre n'importe quoi à n'importe qui. Il peut être primaire (inné) – la soif – ou secondaire (le fruit d'un précédent apprentissage) comme une attitude favorable envers un objet. Les *cues*, eux, dépendent des responsables marketing qui décident du type de signal à envoyer et du moment opportun pour le faire. Une offre promotionnelle de lancement au point de vente peut conduire un consommateur à tester un produit, s'il a été préalablement « préparé » avec le film publicitaire qui aura su générer chez lui une attitude *a priori* favorable.

Deux facteurs conditionnent le renouvellement de la réponse dans la création d'un apprentissage : le renforcement et la rétention. Le renforcement se réfère aux conséquences que subit le consommateur après sa réponse. Si elles sont favorables, la probabilité de la réitérer augmente ; si au contraire elles ne correspondent pas à ses attentes, elle diminue.

EXEMPLE

Un couple de jeunes parents qui achète pour la première fois des change-complets pour son bébé choisira sans doute, parmi les marques pour lesquelles il n'a aucun *a priori* négatif, celle qui lui vient le plus spontanément à l'esprit (en raison d'une campagne publicitaire massive ou d'une familiarité liée au fait qu'il l'a fréquemment aperçue chez des proches). Si, à la suite de ce premier achat, ils ont été satisfaits des performances, ils réitéreront le choix de cette marque.

Même en cas d'apprentissage de la réponse, il faut continuer à envoyer le signal pour l'entretenir et ne pas donner une opportunité aux concurrents. Tout apprentissage non-entretenu finit par disparaître (plus ou moins vite selon la force et la nature de celui-ci). Si une marque de lessive reste un an sans communiquer alors que ses concurrents le font, elle sera moins saillante et sera rayée de l'ensemble évoqué de nombreux consommateurs. Par contre, un an sans aucun contact avec la griffe *Cartier* n'aura sans doute que peu d'incidence sur la relation avec elle.

Lorsque l'apprentissage est créé, une fréquence plus espacée du signal est suffisante pour l'entretenir. Il peut même être simplifié dans sa forme. C'est le cas quand on réduit la durée initiale d'un film publicitaire en la faisant passer de trente à sept secondes. On se contente de reprendre certaines images saillantes qui suffisent à ce que le spectateur se remémore l'intégralité du spot.

Le signal envoyé peut viser deux types d'apprentissage : généralisation ou discrimination. Dans le premier cas on s'efforce d'amener le consommateur à réagir comme il le fait déjà pour des stimuli analogues ; c'est par exemple Danone, qui en choisissant une stratégie de marque-gamme souhaite faire rejaillir sur ses nouveaux produits l'attitude favorable dont bénéficient les autres articles. Dans le second cas on cherche au contraire à créer chez l'individu une réponse différente de celle qu'il a dans des circonstances semblables ; c'est le principe sur lequel repose entre autres le positionnement.

EXEMPLE

Air France qui avait supprimé les marques UTA et Air Inter pour gagner en cohérence d'image a dû recréer de nouvelles marques au cours des dernières années pour clarifier son offre (Hop pour les vols court-courriers et Transavia pour concurrencer les compagnies low-cost). Une nouvelle compagnie long-courrier à bas coûts devrait également bientôt voir le jour.

Les habitudes apprises minimisent les efforts du consommateur. Mais elles abaissent aussi son attention si elles sont trop fortement installées ; il peut ainsi passer à côté d'avantages (prix plus intéressants, promotions, innovations technologiques). Il arrive aussi que l'entreprise perde le contrôle du processus initié. Il faut donc parfois en créer un nouveau avant que les effets du précédent ne deviennent négatifs.

EXEMPLE

Même si le personnage de Germaine a disparu des publicités pour les pâtes Lustucru depuis plusieurs années, il reste fortement lié à la marque pour les consommateurs ; et ceux-ci s'attendaient à le retrouver dans le restaurant de pâtes Lustucru qui avait été ouvert à Paris. De même, Bahlsen a dû faire revenir la voix de Monsieur Plus qui avait disparu de sa communication. Par contre Fruit d'Or a su gérer le fait de retirer le professeur Tournesol et les personnages de *Tintin* avant d'y être obligé pour des raisons de droits.

2. Les modes de conditionnement et d'apprentissage

Divers processus, avec des mécanismes plus ou moins complexes, permettent de créer un apprentissage :

L'apprentissage par essais/erreurs, étudié par Thorndike, lequel mit un chat affamé dans une cage avec de la nourriture au dehors. Au départ, les mouvements erratiques du chat ne lui permettaient de libérer l'ouverture que de manière occasionnelle et hasardeuse, mais après plusieurs essais, Thorndike a noté qu'il mettait de moins en moins de temps à réaliser l'opération. Les parallèles avec la consommation sont nombreux. Ainsi, dans un rayon qui est nouveau pour lui, le consommateur doit consacrer un certain temps à choisir un produit pour un résultat fortement teinté d'aléas. Au fur et à mesure de ses ré-achats, la durée se réduit et le choix est alors plus affirmé.

Le conditionnement classique mis en lumière par Pavlov. On veut créer un lien réflexe artificiel entre une stimulation (stimulus conditionné ou [SC] ; chez Pavlov (1927) il s'agissait de l'agitation d'une clochette) et une réponse. Un tel conditionnement nécessite l'aide d'une deuxième stimulation, que l'on va appeler *non-conditionnée* [SNC] et qui génère naturellement la réponse souhaitée (Pavlov a utilisé une gamelle pour amener son chien à saliver). On confronte alors le sujet aux deux stimuli simultanés, [SC] et [SNC]. On répète l'opération jusqu'à ce que l'association entre les deux stimuli crée une relation artificielle entre [SC] et la réponse (ici, jusqu'à ce que l'agitation de la clochette conduise le chien à saliver en dehors de la gamelle). Ce conditionnement est très usité en publicité, où pour créer une attitude positive envers un produit, on peut prendre comme [SNC] une musique connue ou une jeune femme dévêtue. C'est également la technique qui préside à l'apprentissage d'un logo, d'une identité visuelle (ou sonore, ou olfactive comme avec l'odeur de Cèdres chez Nature et Découvertes). On présente plusieurs fois le nom de la marque et son emblème, jusqu'à ce que la vision de celui-ci suffise pour reconnaître le produit ou l'entreprise.

EXEMPLE

Quelqu'un qui voit une grande virgule inversée au milieu d'un tee-shirt identifiera immédiatement celui-ci à la marque Nike, même si rien n'est écrit dessus. De même, l'expression «*what else*» sera immédiatement associée à l'acteur Georges Clooney et à la marque Nespresso.

Le conditionnement instrumental, issu des travaux de Skinner et du behaviorisme. Grâce à des expériences avec des souris, il a démontré qu'une conséquence agréable qui suit la réponse à un stimulus accroît de manière mécanique la répétition de cette dernière ; au contraire un effet désagréable la diminue. Le comportement est modifié par des renforcements successifs qui génèrent des petits changements jusqu'à rendre mécanique l'action désirée. Apporter un *incentive* lors des premiers achats facilite ainsi l'adoption d'un produit. Toutefois, Skinner a montré qu'abuser des facteurs de renforcement pouvait amener l'effet inverse. Ceci explique en partie pourquoi on finit par accepter des situations et des actions *a priori* désagréables, comme être dans de longues files d'attente aux caisses ou être serrés dans le métro aux heures de pointe.

Les effets vicariants dans l'apprentissage social, formalisés par Bandura (1977). Le sujet apprenant est un observateur qui assiste à une action laquelle est suivie d'un effet positif ou négatif. L'individu doit clairement établir un lien – qu'il existe ou non – entre la réponse et ses conséquences ; selon le résultat perçu, il cherchera à reproduire ce qu'il a vu ou à s'en écarter. Bandura a montré à des groupes d'enfants des films où des pairs se comportaient violemment (certains étaient punis, d'autres non – parfois même récompensés). Selon l'option visionnée, les jeunes spectateurs étaient plus ou moins enclins à reproduire ces comportements. Cet apprentissage est très utilisé dans la publicité. On trouve beaucoup de spots où des consommateurs qui ont fait le bon choix reçoivent une récompense (sous forme de remerciements par les proches, au travers des performances du produit…) ou pâtissent d'une erreur de jugement (la robe dont les couleurs pâlissent à cause d'une mauvaise lessive ; l'appareil électrique qui s'arrête faute de piles de qualité). De même, celui qui trépigne dans la file d'attente au sein d'un hypermarché peut prendre la carte privative de l'enseigne si cela donne accès à des caisses réservées et plus rapides.

L'apprentissage cognitif, qui mobilise deux processus centraux : le *feed-back* de cumulation didactique, et un traitement mixant l'inférence et l'associationnisme. Dans le premier cas, l'individu va analyser *a posteriori* la stratégie suivie, essayer de comprendre pourquoi il y a un écart entre le résultat attendu et celui qui a été obtenu, puis modifier son traitement de l'information sur des bases raisonnées. Dans le second, il va s'inspirer de situations analogues qu'il a déjà connues et les utiliser comme base de réflexion pour résoudre la nouvelle tâche à laquelle il est confronté. C'est l'apprentissage le plus difficile à maîtriser en dehors de contextes pédagogiques, car il fait fortement appel à des données individuelles (expérience, styles cognitifs, personnalité...) dont il faut minimiser le poids. C'est aussi celui qui sera le plus fort en cas de succès, car il est basé sur la compréhension. C'est par ce biais qu'un individu apprend comment les produits sont organisés dans un rayon ou comment optimiser son circuit dans un magasin pour être certain de ne rien oublier.

IV Quarante années d'observation du comportement du consommateur

Historiquement, la micro-économie a été la première à s'intéresser aux décisions en matière de consommation. Les hypothèses parfois exigeantes qu'impose cette vision ont toutefois conduit à voir son rôle quelque peu minimisé au profit d'autres disciplines issues des sciences humaines. Que ce soit au travers des théories béhavioristes, d'approches psychanalytiques ou phénoménologiques, de la vision cognitiviste qui privilégie le traitement de l'information ou en intégrant les réponses affectives et expérientielles, les champs d'analyse centrés sur l'homme ont certainement permis de faire progresser considérablement notre compréhension du comportement du consommateur.

1. L'approche économique

Jusqu'au milieu du XXe siècle, le paradigme micro-économique a dominé l'étude du comportement du consommateur. Cette approche, plus normative que descriptive, voit les décisions d'achat comme *le résultat de calculs rationnels et conscients*. Dans cette optique, l'acheteur dépense ses revenus sur les produits qui lui apportent le maximum d'utilité (satisfaction). Plus les prix sont bas, plus il va en acheter dans la limite de sa contrainte budgétaire. Besoins et désirs sont illimités et la notion de satiété n'existe pas. Les consommateurs ne doivent pas seulement connaître l'ensemble de l'offre disponible sur le marché, ils doivent aussi pouvoir cerner l'éventail de leurs besoins, hiérarchiser parfaitement leurs préférences et anticiper avec exactitude les conséquences de leurs choix. Le corollaire de ceci est l'intemporalité des décisions et l'absence d'influence environnementale. Confronté plusieurs fois au même problème, un individu totalement rationnel en situation d'information parfaite retient toujours la même solution.

Pendant longtemps, les économistes ont considéré les biens sous un angle holistique et négligé leurs attributs. Le choix se faisait entre des catégories de produits, pas entre des biens d'une même catégorie. Il était donc impossible d'appréhender les réactions face aux produits nouveaux, ou d'étudier la complémentarité et la substituabilité entre marques. Après la seconde guerre mondiale, un courant initié entre autres par Lancaster (1966) et Ironmanger (1972) reconnaît le panier comme étant un panier d'attributs. Il devient alors possible d'étudier les phénomènes de concurrence entre marques et les comportements de fidélité. Selon Lancaster (1966), qui ne renie pas le principe de rationalité parfaite, le choix se fait en deux temps sur un marché : *la substitution efficace* conduit d'abord à éliminer les marques incapables d'apporter à un seul consommateur une utilité suffisante ; *la substitution privée* prend alors le relais, qui répartit l'offre restante en fonction des attentes spécifiques de chacun.

Malgré ces progrès, la théorie micro-économique s'est vite heurtée à des limites. On sait bien, en effet, que l'information sur un marché n'est jamais parfaite, et que les consommateurs y sont en situation d'inégalité profonde. De même, les faits montrent que la courbe demande/prix s'inverse fréquemment. C'est parfois le cas pour les produits de consommation ostentatoire, où une augmentation du prix peut accroître les ventes.

En fait, l'approche économique rationnelle ignore une question primordiale pour le consommateur : la formation des préférences pour les produits et pour les marques. Beaucoup de critères non quantifiables y contribuent, comme le style ou la pression normative ; la décision ne peut donc se baser seulement sur le prix ou sur des coûts induits tels que l'accès à l'information.

Il faut attendre les années cinquante et des chercheurs comme Katona (1951) (et une nouvelle discipline, la psychologie économique, avec des variables qualitatives comme la disposition à acheter, la confiance, la motivation… venant compléter les notions plus traditionnelles de revenus, de ressources, d'épargne…) pour que l'économie commence à s'adapter véritablement à toute la complexité, voire l'ambiguïté, du comportement du consommateur.

2. Approches phénoménologiques et béhavioristes

Dans les années cinquante toujours, d'autres personnes cherchent à prendre le contre-pied des théories économiques ; ils voient les consommateurs comme passifs et vulnérables à l'environnement. Deux écoles opposées dominent les recherches d'alors : un courant motivationnel inspiré de la réflexion psychanalytique d'une part ; une tendance behavioriste issue de la psychologie expérimentale inspirée des travaux de Watson (1913) et de Skinner (1953) d'autre part.

Les premiers s'intéressent au monde intérieur des individus, celui du vécu et des expériences préalables. Leur objectif n'est pas de contrôler les comportements, mais de comprendre les raisons profondes qui les sous-tendent. La notion de rationalité, chère aux économistes, ne les concerne pas car ce sont les forces en conflit chez l'individu et la subjectivité du monde qui l'entoure qui importent pour eux. L'homme n'est pas un acteur mais un spectateur de ses actes.

EXEMPLE

Si l'on demande à un individu pourquoi il a acheté telle voiture de luxe étrangère, il répondra qu'il aime sa ligne et sa conduite. Mais si l'on cherche à analyser plus profondément ses motivations, on s'apercevra en réalité qu'à la base de son achat se trouve la volonté d'impressionner les autres ou de se donner l'illusion de rester jeune.

Dichter (1964) a étudié les motivations qui sous-tendaient de nombreuses réponses de consommation et a, entre autres, montré que certaines personnes ne mangeaient pas de pruneaux car l'aspect ridé du fruit leur rappelle leur propre vieillissement. Il a aussi analysé le soin que beaucoup de femmes

> mettaient à faire de la pâtisserie, car cette activité est pour elles symboliquement associée au fait de donner la vie.

Certaines études comme celle de Haire (1950) illustrent bien cette approche. Elle avait débouché sur le constat suivant : contrairement à celle qui achetait du vrai café, une femme qui servait du café instantané se percevait, **à l'époque**, comme paresseuse, piètre gestionnaire, et mauvaise épouse. Une réplication de l'étude en 1970 a montré une déculpabilisation sensible des femmes.

Malgré des limites et des difficultés méthodologiques liées au fait que le chercheur y est aussi important que l'outil qu'il utilise, cette lecture du comportement du consommateur s'est avérée, grâce notamment à l'apport de Dichter (1964), plus riche dans ses analyses que les graphes et les courbes des économistes.

L'objectif des béhavioristes est tout autre, puisqu'il vise à conditionner les individus et à générer une réponse mécanique. Ils ne s'intéressent qu'aux stimuli et aux comportements, ignorant les mécanismes internes intermédiaires. Le conditionnement instrumental (déjà évoqué) s'opère grâce au renforcement qui vise à rendre la réponse automatique et mécanique. C'est ainsi que la contravention et la peur du gendarme jouent le rôle de signal de renforcement pour faire apprendre certains comportements en matière de circulation routière. Cette approche a donné lieu à de multiples applications sur les consommateurs : faire adopter un produit nouveau en apportant un bénéfice supplémentaire pendant la période de lancement (un échantillon gratuit avec un coupon de réduction à valoir sur le premier achat puis, avec celui-ci, un coupon de réduction plus faible à valoir sur le deuxième achat) ; maintenir une motivation forte chez les joueurs de machines à sous dans les casinos grâce à des petits gains récurrents ; offrir un cadeau aux prospects pour amener les individus à fréquenter un lieu de vente, où l'on pourra alors dérouler l'argumentation en vue de promouvoir une offre…

3. Le courant cognitiviste

Avec les années soixante et soixante-dix se développe une nouvelle vision du consommateur qui donne la primauté au traitement de l'information. Cette période, qui marque la vraie naissance du comportement du consommateur comme champ d'étude à part entière, se traduit par une volonté appuyée de comprendre et de retracer le cheminement suivi par l'individu en vue d'apporter une solution optimale à ses problèmes : comment opérer un choix entre plusieurs produits et retenir une solution acceptable au regard des contraintes initiales qui avaient été fixées ? Comment s'approprier un bien nouveau et le comparer à des choses familières en vue de l'évaluer ?...

Cette approche voit le consommateur comme un acteur qui développe des projets volontaristes et initie des heuristiques plus ou moins élaborées pour les atteindre.

Dans cette vision cognitive, le processus perceptif joue un rôle central car la manière dont le consommateur ressent les interactions avec son environnement y est plus importante que la réalité objective. Il est lui-même alimenté par les expériences que le consommateur a connues et par le jeu des connexions sociales qu'il doit gérer. La signification donnée aux objets peut différer d'un individu à l'autre, mais c'est elle qui va venir nourrir ces heuristiques : avoir connu une expérience malheureuse avec une marque automobile conduira à se méfier d'une publicité qui vante son dernier modèle alors que celui qui n'a pas ce vécu sera plus enclin à générer une attitude favorable à son encontre. Celui qui considère les produits nouveaux comme un facteur de valorisation sociale sera peu regardant au prix élevé de ceux-ci, alors que celui qui est insensible à cette dimension préférera attendre que le bien se banalise et que le coût d'acquisition diminue notablement.

Une des premières théories à s'inscrire dans cette logique a été la théorie du risque perçu de Bauer (1960), qui garde aujourd'hui encore un fort pouvoir explicatif. Selon lui, le consommateur anticipe un certain nombre d'inconvénients qui découlent du choix des produits ; son processus de consommation va donc consister à développer une stratégie pour retenir une alternative peu risquée. Bauer avait ainsi identifié quatre dimensions (risque financier, risque au niveau du temps passé, risque physique, risque psycho-social). Une étude très intéressante et très riche menée aux États-Unis par Roselius (1971) a montré, entre autres, que les stratégies de réduction de risque les plus suivies par les consommateurs se centraient toutes sur les notions de marque et d'enseigne (fidélité à la marque, choix de marques et de magasins réputés). Bien que très anciens, ces résultats semblent être toujours d'actualité si l'on en juge par l'intérêt que suscite à l'heure actuelle le concept de capital de marque.

Les années soixante voient également l'apparition de modèles intégrateurs visant à retracer la démarche de consommation dans sa globalité, avec en point d'orgue celui d'Howard et Sheth (1969) d'une part, et celui d'Engel, Kollat et Blackwell (1968) d'autre part. L'espérance de décrypter tous les mécanismes qui permettent de relier logiquement les stimuli aux réponses fait alors espérer l'émergence d'une théorie générale du comportement du consommateur.

Même si cette ambition était sans doute trop forte pour aboutir, la vision cognitiviste a néanmoins permis de comprendre de nombreux mécanismes de consommation : recherche d'information, processus de mémorisation, prise de décision...

4. La revalorisation des réponses affectives

Le début des années quatre-vingt va marquer un nouveau tournant dans l'étude du comportement du consommateur, au travers d'une double orientation : la recherche d'un certain pragmatisme d'une part, et le retour en grâce des réponses affectives d'autre part (les deux n'étant pas d'ailleurs totalement indépendantes).

Les spécialistes prennent en effet conscience, à travers certaines constatations de bon sens, qu'analyser les processus exclusivement en termes de traitement d'information n'était pas toujours la façon la plus pertinente d'aborder le problème. On ne peut en effet ignorer un paradoxe croissant : face aux capacités limitées des consommateurs, la quantité d'information et le nombre de choix disponibles augmentent de manière vertigineuse ; de fait, le consommateur n'a pas envie (à supposer qu'il en ait toujours les moyens) d'engager les efforts nécessaires pour appréhender cette grande quantité de données. Les prix à l'unité de mesure par exemple, cheval de bataille des mouvements consuméristes censé constituer une aide à la décision, sont ainsi négligés par la plupart des acheteurs bien que la loi ait rendu leur affichage obligatoire dès 1983 dans les magasins en libre-service.

Dans la majorité des cas, l'individu se trouve en situation de processus routinier, confronté à un niveau de risque perçu faible, ce qui l'amène à retenir une alternative qui soit simplement acceptable en regard de ses attentes. Le consommateur se laisse guider par des heuristiques simples pour parvenir à une solution convenable : « J'achète le moins cher », « J'achète un nom de marque », ou encore « J'achète la même chose que mes amis. »

Parallèlement, il devient évident que le consommateur qui fréquente un point de vente ou qui achète un produit n'est pas seulement mû par une démarche utilitariste, et que l'aboutissement de son acte consommatoire n'est pas forcément une décision. Il lui arrive en effet de passer du temps dans un magasin ou de naviguer sur des sites marchands simplement pour vivre des émotions, ressentir du plaisir, partager un moment avec des amis... ; bref vivre une expérience. Cette approche, dont les prémices sont dues à Holbrook et Hirschman (1982), a certainement été déterminante pour appréhender les réponses du consommateur en matière de produits artistiques, mais elle a aussi permis d'éclairer différemment l'analyse du comportement au sein des commerces traditionnels en se penchant par exemple sur des phénomènes comme le butinage (fréquenter un magasin sans intention d'achat précise). Il faut savoir créer ou recréer de l'attractivité dans les espaces commerciaux, en en transformant l'apparente fonctionnalité. Ceux-ci évoluent vers des lieux de loisir à même de procurer au visiteur plaisir et sensations.

EXEMPLE

De plus en plus de magasins jouent aujourd'hui la carte du réenchantement. Par la déclinaison d'une thématisation, la création d'ambiances parfois différenciées selon les endroits où l'on se trouve dans le magasin (le *zoning*), on permet aux consommateurs de vivre autre chose qu'un simple acte d'achat. Le pionnier de cette nouvelle forme de distribution en France a été Nature et Découvertes, mais cette logique s'est déclinée aussi bien dans les services (des restaurants comme Planet Hollywood ou le Hard Rock Café en sont des exemples frappants) que dans la grande distribution alimentaire (Auchan Val d'Europe est ainsi l'occasion pour l'enseigne d'hypermarchés de tester de nouvelles formules). C'est grâce à une utilisation très intelligente de la sensorialité et de la mise en scène (musique, lumières tamisées, parfum, rite de la photo avec le personnel) que l'enseigne Abercrombie & Fitch – et Hollister aujourd'hui – est devenue l'une des chaînes de vêtements préférées des adolescents.

En définitive, la finalité est de raconter une histoire que le consommateur va pouvoir s'approprierpour créer du lien avec l'enseigne; on parle ainsi de *storytelling*. Cette histoire peut d'ailleurs parfois prendre des chemins très éloignés du rêve comme en témoigne la démarche des *hard-discounters* qui mettent en scène le dénuement de leur point de vente pour faire vivre une expérience d'économie ou comme *Wall-Mart* qui va, délibérément, créer des ruptures de stock sur certains produits. Cette expérience que l'on fait vivre aux consommateurs est à la fois créatrice de valeur et réduit leur sensibilité au prix; elle est donc un vecteur de performance pour le commerce. Par contre, le réenchantement perçu décroît régulièrement à chaque visite, et il faut savoir apporter régulièrement des éléments nouveaux à l'histoire pour l'inscrire dans la pérennité.

Dans un article majeur, Zajonc et Markus (1982) ont également amorcé une réflexion féconde en rappelant qu'une attitude vis-à-vis d'un objet n'était pas toujours la conséquence de croyances envers celui-ci. Elles peuvent parfois être forgées *a posteriori* pour justifier cette réponse affective. Ces idées ont permis de repenser des problèmes tels la persuasion publicitaire en montrant qu'elle ne passait pas systématiquement par une prise en compte des éléments d'argument du message, mais pouvait découler d'un transfert d'attitude de l'annonce (due aux effets d'exécution: histoire, personnages, décors, musique...) vers la marque sans fondements cognitifs préalables.

Pour intégrer ces analyses novatrices qui donnent au traitement de l'information une place relative et non plus absolue, la recherche en comportement du consommateur s'est ouverte à de nouvelles perspectives et a donné, depuis vingt ans, une place plus large à certaines variables individuelles. C'est notamment le cas des variables situationnelles qui ont permis de mieux comprendre les fluctuations de réponse qui sont observées chez un même individu pour un même bien. Ça l'est aussi avec la place centrale prise par le concept d'implication (se référant à la nature, à l'intensité, et à la durée de la relation qu'un individu entretient avec un objet) qui modère souvent ses réponses.

Ça l'est encore avec la prise de conscience que nous sommes ce que nous possédons (concept de soi étendu). Les biens assument aujourd'hui une fonction positionnelle dans la mesure où les accessoires crédibilisent, à nos yeux et aux yeux des autres, les différents rôles que nous jouons en permanence (le même individu peut être cadre au siège d'une banque à La Défense, faire du rock avec ses amis le soir et se promener en roller dans Paris le week-end).

Un des aspects les plus riches de ces perspectives nouvelles est la reconnaissance de la consommation comme un acte social qui peut s'appréhender sous un angle ethnologique. Cette vision a permis à Holt (1995) d'identifier quatre pratiques de consommation en croisant deux distinctions conceptuelles fondamentales, à savoir la structure de la consommation et le but de la consommation (voir figure 1-1).

<table>
<tr><td colspan="2"></td><td colspan="2">But de l'action</td></tr>
<tr><td colspan="2"></td><td>Actions pour elles-mêmes</td><td>Actions instrumentales</td></tr>
<tr><td rowspan="2">Structure de l'action</td><td>Actions objet</td><td>Consommer en tant qu'EXPÉRIENCE</td><td>Consommer en tant qu'INTÉGRATION</td></tr>
<tr><td>Actions interpersonnelles</td><td>Consommer en tant que JEU</td><td>Consommer en tant que CLASSIFICATION</td></tr>
</table>

Figure 1.1 – **Quatre pratiques de consommation (d'après Holt, 1995)**

La consommation peut viser un vécu d'expérience (et par là même concoure à faire naître des émotions: essayer des vêtements, aller au spectacle, conduire une automobile...). Elle peut permettre d'accéder aux propriétés fonctionnelles et/ou symboliques des objets au travers de leur pratique, voire de rituels (et en fait, à travers cette intégration, un élément à part entière de l'identité: apprendre le bricolage, pratiquer un sport...). Elle peut encore, à partir de la manière dont ils utilisent un objet, aider les consommateurs à se «classer» par rapport aux autres (porter une casquette à l'envers montre son appartenance à la communauté des rappeurs). Elle peut enfin être un jeu dont l'interaction sociale est la finalité (on partage quelque chose, on communie : aller ensemble à un concert, refaire le monde dans un café, jouer en ligne...).

Un nouveau courant de recherche est ainsi apparu au cours des dernières années qui intègre les pratiques consommatoires comme phénomène social et culturel et non pas sous l'angle économique traditionnel associé à la mise en œuvre d'un marketing management transactionnel. Ce courant, baptisé CCT (Consumer Culture Theory), s'appuie sur l'interprétation des significations et des symboles d'une communauté pour «investiguer les dimensions sociales, expérientielles et culturelles de la consommation dans son contexte» (Arnould et Thompson, 2005).

V Des consommateurs qui évoluent en permanence

On ne peut pas dissocier l'acte de consommation de l'environnement dans lequel évolue son auteur. Comme l'a montré la psychologie sociale, les normes régissant la consommation ne sont pas déconnectées de celles qui régulent toutes les activités individuelles et collectives. La personne qui achète un produit ou qui regarde les publicités est la même qui, par ailleurs, travaille, lit, vote, ou fait l'amour ; il serait erroné d'isoler l'activité spécifique de consommation comme une sorte d'abstraction. Au contraire, les actions afférentes doivent être intégrées dans une perspective globale, et être analysées comme la résultante de facteurs psychologiques, de liens interpersonnels que l'individu établit, du contexte social où il opère, et de la culture à laquelle il appartient. Le comportement du consommateur peut être un instrument de diagnostic pour comprendre la structure de la société à un instant *t* et pour anticiper ses évolutions possibles.

1. Un regard sur le passé

Si les prémices étaient sous-jacentes dans les années cinquante, c'est au cours de la décennie suivante que transparaît vraiment le désir d'une majorité de gens d'intégrer la société moderne. Consommer est alors une exigence, car la possession d'une grande variété de biens est perçue comme le passeport vers la civilisation post-industrielle et la principale condition d'une certaine qualité de vie. Faire des économies n'est plus une fin en soi ou la volonté de bâtir un patrimoine que l'on pourra transmettre, mais cela devient une stratégie qui doit permettre de disposer des ressources nécessaires à un niveau élevé de bien-être. L'arrivée de la consommation comme un facteur de vie quotidienne se traduit par des modifications importantes de l'environnement puisque c'est l'époque où apparaissent les grandes surfaces en libre-service et où se multiplient les produits de simplification de la vie (purée toute prête, appareils électroménagers, automobile accessible à tous...).

Les années soixante-dix, quant à elles, ont reflété, et même amplifié, les valeurs nées des mouvements politiques de la fin des années soixante. Même si elles étaient le fait de minorités, leur forte visibilité s'est traduite par une forme de domination hégémonique. Parmi les traits essentiels de cette époque on retiendra le refus de l'autorité, la justice sociale, une nouvelle vision des relations entre les sexes, la liberté sexuelle, et une sécularisation de la société. Cela a eu des retombées directes sur la consommation, de moins en moins connotée *libération* et *responsabilité*, et de plus en plus symbole d'une forme d'aliénation ; posséder des biens de consommation devient la marque de la largesse et du superflu ; quant aux biens de prestige, ils deviennent des marqueurs d'injustice sociale majeurs. C'est une époque où la motivation d'expression personnelle tend à rééquilibrer la motivation de *standing* et où il est aussi important d'être que d'avoir.

Les années quatre-vingt traduisent un climat social et culturel qui prend le contre-pied de celui de la décennie précédente. On voit se développer peu à peu l'affirmation de « cultures privées » qu'on pourrait assimiler à un recul puisque les préoccupations collectives tendent à décroître au profit d'une approche plus individualiste. En fait, on assiste à l'émergence irrésistible de l'hédonisme en tant que valeur et à la primauté du concept de bonheur, vu comme l'accumulation de petits plaisirs dont il faut savoir profiter. L'émotion et le sensualisme tendent à supplanter la rationalité. La consommation n'est plus valorisée par l'opulence, mais devient un vecteur privilégié pour canaliser et satisfaire les motivations narcissiques. Elle retrouve une légitimité forte.

Ainsi la publicité, hier encore très largement contestée et accusée d'aliénation culturelle, se trouve soudainement reconsidérée aux yeux de certains qui en font un reflet de la société. (Elle est regardée avec curiosité et appréciée comme un divertissement.) Par certains aspects, les publicitaires jouent un rôle de guide dans un univers où les personnes emblématiques sont Madonna ou Jean-Paul Goude.

Avec les années quatre-vingt-dix émerge une nouvelle orientation sociale où le travail et la position professionnelle ont partiellement perdu leur rôle de signifiant. On voit poindre une culture qui continue à célébrer l'individu mais sans le narcissisme de la décennie précédente ; elle privilégie l'affirmation de l'individualité sur l'individualisme. On ne veut plus jouer à être ; on recherche un équilibre et une harmonie avec son milieu physique et social et, pour cela, on préfère valoriser ses goûts véritables et sa sensibilité par le biais de ses stratégies d'achat. On recherche le cadre rassurant des groupes, mais on ne veut plus se laisser aliéner par une pression normative trop forte. Le groupe doit être à notre service et non plus l'inverse ; il s'agit de créer une sorte d'intelligence collective au service de chacun des membres qui verra ainsi son potentiel démultiplié. En dépassant le simple cadre des contacts physiques, Internet a considérablement augmenté cette potentialité. L'hédonisme, qui reste une valeur de base, s'exprime de manière plus simple qu'avant : on peut trouver du plaisir à faire des petites choses comme lire un livre ou contempler un coucher de soleil. On est loin de l'enthousiasme des années soixante ou de l'ostentation des années quatre-vingt.

2. Les tendances de consommation aujourd'hui

Les années quatre-vingt-dix ont vu émerger des tendances lourdes de consommation (Rieunier et Volle, 2002) qui expliquent largement ce que l'on connaît aujourd'hui :

– **L'accomplissement** : on consomme pour « être », plus pour « avoir » ; on veut faire quelque chose de sa vie ;

– **La recherche de personnalisation** ;

– **Le lien social** : l'acte d'achat doit permettre de renouer le contact et de faciliter l'intégration ; on veut éviter l'anonymat et l'isolement ;

– **La recherche d'émotions** ;

– **L'importance de la nostalgie** : à titre personnel (régression vers l'enfance) ou plus générale (retour à des valeurs associées au terroir) ;

– **La rassurance** : toutes les crises alimentaires des années quatre-vingt-dix ont créé un climat anxiogène qui met au premier plan le principe de précaution ;

– **La simplicité** ;

– **L'abandon de la propriété** : posséder les choses compte moins qu'en jouir et amène à se tourner de plus en plus vers des formules de location ;

– **La disparition des frontières** : il n'y a plus d'incompatabilité entre les styles ; on peut mettre ensemble des choses paradoxales sans choquer ;

– **La vertu** : le consommateur prend conscience que ses actes engendrent des effets néfastes ; il devient sensible au respect de l'environnement et de la dignité humaine (travail des enfants).

Contrairement à ce que l'on a pu lire, la crise économique brutale de 2008 n'a pas bouleversé les choses mais a accentué certaines tendances comme la consommation responsable – concrétisation de l'exigence de vertu déjà évoquée : l'intérêt individuel a rejoint l'intérêt collectif dans la lutte contre le gaspillage – ou une plus forte sensibilité à la valeur « prix ». Ainsi, des coûts de logement plus élevés, de nouveaux frais fixes (Internet, téléphone portable...) et des désirs croissants liés aux biens technologiques ont conduit les consommateurs à vouloir économiser sur la nourriture quotidienne. Alimentée par la flambée de quelques produits emblématiques (baguette de pain), la perception d'une hausse des prix s'est alors ancrée dans les esprits ; accentuée en cela par des salaires qui ont peu évolué. Qu'elle soit vraie ou fausse, cela est anecdotique car c'est la perception du phénomène qui lui confère sa réalité et alimente les débats de plus en plus prégnants sur le pouvoir d'achat. Si la crise n'a pas mis fin à l'hyperconsommation, elle a accéléré un clivage entre des produits « contraintes » – dont fait partie la nourriture courante (le budget alimentaire représente seulement 17 % du budget moyen d'un ménage contre 37 % dans les années 1970) – sur lesquels on va chercher à gagner du pouvoir d'achat, et des produits « plaisir » où l'on calcule beaucoup moins.

Cette quête de prix bas n'est pas exempte de paradoxes. Elle a conduit les acheteurs à revenir vers les hard-discounteurs – en sacrifiant l'hyper-choix des grandes surfaces traditionnelles – qui, après une forte progression, semblaient marquer le pas depuis le milieu des années 2000. Mais, au-delà du prix, ce renouveau est aussi en partie dû à l'ouverture de leur assortiment aux marques nationales – pourtant principal bouc émissaires de la hausse des prix[1]. D'ailleurs certaines enseignes comme Leader-Price ressemblent plus aujourd'hui à des supermarchés traditionnels qu'aux espaces dépouillés qu'on associe aux hard-discount. Ici aussi, la perception du prix l'emporte sur le prix réel !

La notion de *smart-shopping* prend par ailleurs une place de plus en plus grande, même si ce phénomène existe en fait depuis une quinzaine d'années ; mais alors qu'il était essentiellement un jeu où le fait d'être plus malin que les fabricants et les distributeurs était plus important que le résultat en lui-même, aujourd'hui c'est clairement le gain réalisé qui prime. L'achat « perspicace » devient un moteur de consommation ; marchander se généralise et le prix affiché n'est plus celui que l'on veut payer. Faire une bonne affaire permet aux individus de montrer leur intelligence face au système marchand. Du coup, rechercher l'information devient un enjeu, et celle-ci, avec Internet (forums, blogs...) et le bouche à oreille, échappe aux actions marketing classiques. Parmi les nouvelles pratiques, on trouve : le fractionnement des dépenses qui rend les coûts indolores (mettre 30 euros d'essence au lieu de faire le plein), faire ses courses après manger ou les faire livrer pour éviter la tentation de l'hyper-choix.

1 Malgré le discours tenu, cette consommation redéfinie n'amène pas un rejet des marques ; et beaucoup restent friands de « valeurs sûres ». La qualité et la fiabilité continuent à symboliser une résistance à la dévalorisation constante des produits.

Remettre en cause la consommation n'est d'ailleurs pas sans créer un dilemme car si consommer moins et mieux est nécessaire pour préserver l'environnement, la vitalité de l'économie et la sauvegarde d'emplois précarisés suppose de continuer à acheter les biens produits. Maintenir une consommation dynamique a permis à la France une plongée moins brutale dans la crise que ses voisins européens. Mais si la diminution était structurelle c'est l'ensemble du système économique et le rapport à la croissance qui devraient être revus.

La consommation responsable, aussi, reste source d'ambiguïté. Au-delà du discours, on observe souvent un écart entre intention et comportement. Pour certains, le gain de valeur n'est pas toujours visible en regard d'un différentiel de prix ; pour d'autres ce serait reconsidérer la quête de biens technologiques qui les guide depuis 20 ans ; pour d'autres encore, c'est un problème de moyens et ils doivent se contenter de produits « premier prix ». Toutefois, la volonté d'économiser les ressources remet en cause l'obsolescence planifiée par les entreprises, qui devront changer de modèle économique et offrir des produits à durée de vie plus longue, en compensant le manque à gagner d'un renouvellement moins fréquent par une activité d'entretien.

Il y a malgré tout certains consommateurs qui manifestent une vraie résistance, et pour qui la crise a été vue comme une opportunité de redonner du sens à la consommation ; comme si l'ère précédente était associée à une orgie consumériste qu'il fallait, par dignité, remplacer par un ascétisme retrouvé. Maîtriser ses achats devient pour eux une source de plaisir. Cela les conduit à rejeter des attributs symboliques tels le « jetable », ou à promouvoir des réseaux « de revitalisation » des produits. Ainsi *Freecycle.org* – plus de deux millions de membres – aide à se débarrasser des vieux produits en les donnant à des personnes qui en ont besoin. Cet ascétisme favorise des alternatives aux circuits classiques : le *do it yourself* (dans l'alimentation, les loisirs créatifs ou le bricolage), de nouveaux réseaux de distribution tels l'*AMAP* (Association pour le Maintien d'une Agriculture Paysanne), mais aussi l'achat d'occasion (*Ebay*) ou la récupération (*Emmaüs*).

Cette frugalité et cet ascétisme ne doivent pas être vus comme une volonté de réduire l'aspect hédonique de la consommation. D'abord parce qu'il peut y avoir une jouissance à moins consommer ; ensuite parce que ce contrôle donne plus de valeur aux « achats plaisir » – les petits plaisirs sont redevenus une valeur en hausse. On retrouve une tendance sociale lourde qui fait de la consommation un loisir à part entière pouvant compenser la morosité ambiante. Certains produits tels le chocolat ou les livres ont été, à ce titre, moins touchés que d'autres. Ce besoin de maîtrise pour contrebalancer des « achats plaisir » traduit une vraie refondation du désir issue d'une hiérarchie plus claire des besoins.

3. La consommation collaborative

Le bouleversement le plus notable en matière de consommation est la montée en puissance d'un modèle économique que l'on a qualifié d'économie collaborative. À côté des formes de transactions classiques entre organisations (*Business-to Business*) ou entre une organisation et des particuliers (*Business-to-Consumer*), on voit se développer les échanges entre consommateurs, encore marginaux il y a dix ans. Derrière cette primauté de l'usage sur la propriété par le biais du partage, de l'échange, du troc, de la vente ou de la location, transparaît un décloisonnement entre les rôles d'offreur et de demandeur : chacun peut être alternativement l'un ou l'autre selon les circonstances. N'étant plus co-contractante, l'organisation se retrouve exclue du jeu si ce n'est comme facilitatrice de la mise en relation entre particuliers.

L'expression « consommation collaborative » est due à Botsman et Rogers (2010 et 2011) ; ils ont été les premiers à théoriser ce phénomène derrière lequel ils ont identifié trois logiques principales :

– La transformation des produits en service (on paye pour avoir le droit d'utiliser un produit pendant un temps donné dans un contexte donné) ;

– La création des marchés de redistribution (on réorganise la redistribution des produits utilisés ou achetés quand ils ne sont plus utilisés) ;

– Les styles de vie collaboratifs (des gens avec des intérêts similaires s'assemblent pour partager biens, temps, espace, compétence, monnaie...).

Au travers de la création de lien qui s'établit entre les deux acteurs, on transforme l'acquisition en expérience, donc en ré-enchantement (Filser, 2002). La consommation collaborative repose d'abord et avant tout sur des individus qui ont le désir de coopérer directement, en privilégiant l'autonomie et une forme de responsabilisation.

Cette forme d'échange intègre aussi bien des marchés mondiaux (*eBay*, *Craigslists*, *Airbnb*...) que des niches de marché qui peuvent appartenir ou pas au secteur marchand : prêt entre particuliers (*Zopa*), partage de voitures (*Zipcar*), covoiturage (*Blablacar*), accueil d'inconnus (*Couchsurfing*), échange de maison (*HomeExchange*), partage de compétences (*Brooklyn Skills*), voitures avec chauffeurs (*Uber*), Investissement (*My Major Company*), achats groupés (*Groupon*), découverte de métiers (*Jobsenboite*)...

La consommation collaborative résulte de tendances déjà évoquées (la recherche d'expérience, le besoin de lien social, la fin de la propriété comme horizon, le *smartshopping*...) qui se sont combinées à un regard nouveau sur les objets d'occasion – traditionnellement synonymes de grande pauvreté et donc de honte, ils sont devenus une opportunité de faire de bonnes affaires ou de se débarrasser avantageusement d'objets – et bien sûr la montée en puissance d'Internet et du Web 2.0. qui, avec le *peer-to-peer*, a pu considérablement démultiplier les possibilités de relations.

Pour que cette consommation collaborative puisse se développer, une réelle confiance doit s'instaurer entre des contractants qui, pour la majorité d'entre eux, ne se rencontreront jamais. Auparavant celle-ci s'établissait entre des individus qui vivaient à proximité les uns des autres et pouvaient apprendre à se connaître ; avec les échanges en ligne, elle repose sur des systèmes de réputation où chacun des partenaires évalue la qualité de la relation qu'il a pu avoir avec l'autre.

L'économie collaborative ne traduit pas un rejet de la consommation mais une volonté de mieux la contrôler ; les véritables alter-consommateurs militants sont minoritaires. Une étude conduite par IPSOS en 2013 a montré qu'il pouvait être pertinent de classer la consommation collaborative sur un continuum opposant engagements sociétaux (notamment écologique) et recherche de bons plans (principalement financiers).

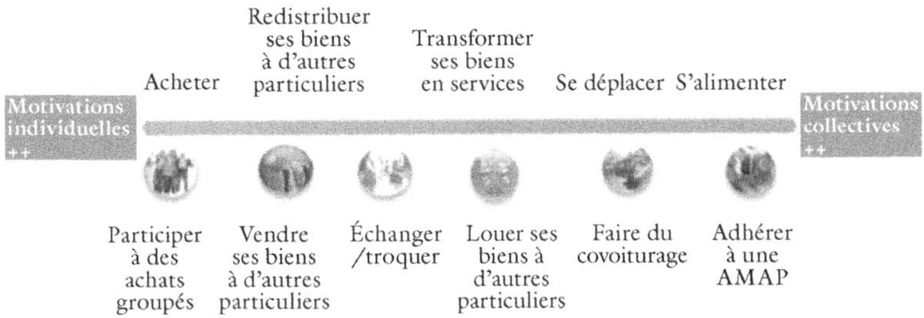

Les entreprises ont un rôle assez mineur dans cette économie collaborative (même si les grandes plateformes comme *Uber* ou *Airbnb* sont en train d'acquérir un pouvoir considérable (Bénavent, 2016) puisqu'il se limite quasi exclusivement à une mission d'intermédiation. Et, si l'on perçoit bien la logique de redistribution, on perçoit plus difficilement ce qui peut créer du développement, donc de l'emploi. À moins de considérer que la consommation collaborative ne peut s'inscrire que dans une économie de la décroissance.

VI Le processus de consommation

1. La structure globale du processus de consommation

Quatre champs essentiels permettent de circonscrire le processus retraçant le comportement de consommation.

Le premier est la prise de décision, qui concerne l'organisation des préférences et la manière dont elle oriente le choix des produits et/ ou des marques; elle peut être scindée en cinq étapes majeures:

– La reconnaissance d'un problème: le sentiment d'un écart important entre un état actuel et un état souhaité est une condition nécessaire pour initier le processus. Elle n'est toutefois pas suffisante, car elle peut se heurter à des contraintes financières ou temporelles.

– La recherche d'information: le désir de résoudre ce problème débouche d'abord sur une analyse des informations stockées en mémoire, qui est complétée si besoin par une recherche externe active (médias, magasins, amis...).

– L'évaluation des alternatives en concurrence se fait ensuite en confrontant les éléments disponibles avec les critères personnels que l'acheteur s'est fixés. Elle conduit à l'orientation des préférences.

– Le choix de l'une de ces alternatives constitue la conséquence logique de l'étape précédente. Néanmoins, des facteurs situationnels au point de vente (disponibilité, prix, amabilité du vendeur...) peuvent agir à ce niveau en amenant même une reconsidération du processus évaluatif.

– L'analyse post-achat, enfin, vise à apprécier l'adéquation de la solution retenue au problème initial. Elle est susceptible d'amener une recherche complémentaire pour réduire une éventuelle dissonance (sentiment de n'avoir pas fait le meilleur choix), et influera sur les processus de consommation ultérieurs.

– Les champs suivants (voir figure 1-2) se réfèrent aux facteurs environnementaux et aux caractéristiques individuelles, qui sont les principales variables exerçant une influence sur la réponse finale.

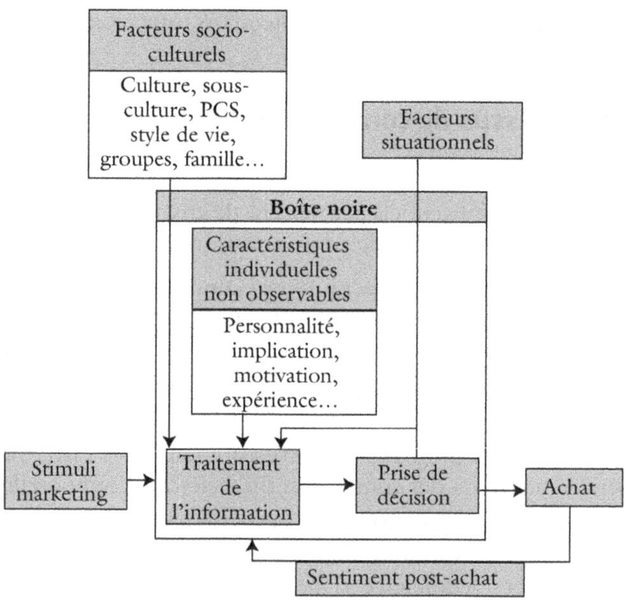

Figure 1.2 – **Schéma de base du processus de consommation**

Le dernier champ, enfin, a trait à ce qui précède et suit la décision ; le processus de consommation commence bien avant l'achat et se poursuit bien après, car l'expérience acquise va conditionner le déroulement des schémas ultérieurs.

Tout ceci n'a cependant de sens que si, à l'origine, le consommateur est confronté à divers stimuli commerciaux qui serviront à alimenter son traitement d'information et à générer ses préférences. Il s'agit des caractéristiques objectives des produits, mais aussi de ce qui est véhiculé par la communication impersonnelle (médias) et interpersonnelle (discussions avec des amis ou des vendeurs). C'est sur la perception, le stockage et l'exploitation de ces éléments qu'interagissent les facteurs individuels (facteurs socio-démographiques, personnalité, implication...) et les variables de l'environnement (culture, groupes, situation...) pour amener une réponse cohérente et acceptable par le consommateur.

Il convient de noter que divers processus intermédiaires viennent se greffer sur le processus central amenant le choix d'un produit et d'une marque. L'aboutissement de ceux-ci constitue la garantie que le processus pourra se poursuivre dans de bonnes conditions : sélection des informations prises en compte lors du choix final, analyse des avantages et des inconvénients respectifs de chaque mode de paiement, étude des spécificités propres à chaque forme de distribution...

2. Les rôles dans le processus d'achat

Dans le processus d'achat, on distingue cinq rôles importants :

L'initiateur : c'est la personne qui est à l'origine du processus de consommation. Il s'agit de celle qui constitue le maillon de moindre résistance à la communication dont elle est la cible principale.

Les influenceurs : ce sont tous les acteurs, qu'ils soient dans le registre interpersonnel (amis, vendeurs) ou impersonnel (médias) qui apportent de l'information susceptible d'aider à la prise de décision, que celle-ci soit effectivement prise en compte ou pas (un individu est en effet incapable de traiter toute l'information avec laquelle il est en contact. Il fera donc des choix – volontaires ou inconscients).

Le décideur : c'est celui qui, sur base de tout ou partie de l'information, décide de ce qui sera acheté, du lieu où il sera acheté, du mode de paiement…

L'acheteur : c'est un mandataire qui traduit sous forme de transaction les décisions prises lors de l'étape précédente.

L'utilisateur : c'est le destinataire final.

Un autre terme est couramment utilisé, celui de prescripteur. Ce mot n'est cependant pas exempt d'ambiguïté car certains l'emploient comme synonyme d'influenceur alors que d'autres le rapprochent du décideur. C'est sans conteste cette seconde orientation qui doit être privilégiée. En effet, quand un médecin prescrit un traitement, c'est bien lui qui choisit les remèdes adaptés à la pathologie. De même, parler d'enfant-prescripteur suppose que celui-ci ait un poids effectif dans la décision familiale.

À partir de cette base théorique, tous les schémas sont envisageables : du plus simple où tous les rôles (à l'exception des influenceurs) seront regroupés en une seule personne (biens d'achat routinier), jusqu'aux plus complexes où chaque rôle sera éclaté entre plusieurs individus (achat de la résidence principale).

Il est important de bien identifier les différents acteurs car tous ne détiennent pas les mêmes informations. Ainsi, pour connaître l'impact d'une opération promotionnelle, il faudra mieux aller interroger un échantillon d'acheteurs dans un point de vente car ce sont eux qui sont en contact avec la promotion. Par contre, un tel échantillon sera peu pertinent pour avoir des données sur la perception du goût d'une boisson, car tous les acheteurs ne cumulent pas ce rôle avec celui d'utilisateur.

CHAPITRE 2

Traitement de l'information et processus de décision

I Attention et perception

1. Définition

On peut définir la perception comme étant un processus dynamique par lequel celui qui perçoit donne un sens à des matériaux bruts en provenance de l'environnement. L'individu prend conscience de celui-ci et l'interprète de façon à ce qu'il soit en accord avec son schéma de référence. Il n'y est pas un simple objet qui subit, mais bien un acteur à part entière.

Pour que l'on parle de perception, il faut qu'il y ait succession de trois phases : une exposition à l'information, une attention, et un décodage. Cela induit les propriétés suivantes :

– *La perception est subjective* : c'est la manière dont le consommateur s'approprie un produit (ou une situation) qui en fait sa réalité. Il y a un décalage entre le stimulus envoyé par l'environnement et celui reçu par l'individu (idée de biais perceptuel). Il est primordial de guider cette perception, car sauf effet du hasard, il perdrait alors le contrôle de la réponse.

– *La perception est sélective* : elle joue un rôle de filtre qui permet à l'individu de ne recevoir que les stimulations utiles à son action (sans ce filtre, quelqu'un qui lit recevrait de nombreux bruits et de nombreuses odeurs qui l'empêcheraient de se concentrer). Un consommateur est en contact quotidien avec plusieurs centaines de publicités, mais n'en perçoit au mieux que quelques dizaines. Les autres sont ignorées parce qu'elles dévient de ses centres d'intérêt, parce que des parasites les masquent, ou parce que leur concentration amène un dépassement des capacités réceptives.

– *La perception est simplificatrice*: un individu ne peut considérer toutes les unités d'information qui compose les stimuli reçus. Au-delà d'un niveau de complexité très vite atteint, seule la répétition autorise une prise en compte de toutes les facettes d'un message.

– *La perception est limitée dans le temps*: une information perçue n'est conservée que durant un temps très court, sauf si un processus de mémorisation s'enclenche.

– *La perception est cumulative*: une impression est la somme de plusieurs perceptions. Un consommateur regarde un produit, voit une publicité le concernant, écoute ce que les gens en disent, examine son conditionnement, et à partir de là seulement il forge son impression globale.

2. Le processus de perception

Plusieurs schémas expliquent la perception, et notamment le mécanisme qui permet aux individus de donner un sens aux signes avec lesquels ils sont en contact. Quoique relevant à la base de logiques fort différentes, ces approches se révèlent pleinement complémentaires car chacune intègre une dimension spécifique du phénomène.

Pour la première école, la perception est d'abord le fruit d'un raisonnement. L'individu recherche les clefs de décryptage contenues dans le message, recense les éléments référents qu'il a en mémoire, et sur ces bases, élabore une logique qui lui permet d'aboutir à un résultat.

Les exemples suivants illustrent ces propos. Confronté à ce mot laissé incomplet (figure 2-1), un chef de produit lira PUBLICITÉ alors qu'un éducateur y verra plutôt le terme PUÉRILITÉ, chacun se référant à son propre univers. De même, les deux signes « /-\ » de la figure 2-2 seront lus différemment (H ou A) bien qu'identiques, car c'est la seule possibilité de donner un sens à l'expression (en anglais tout du moins). Enfin, le signe « l3 » sera lu comme étant le nombre 13, si le « 12 » est placé avant et comme la lettre B si c'est le A (figure 2-3).

Figure 2-1

Figure 2-2

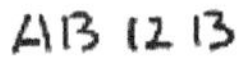

Figure 2-3

Pour contrôler la façon dont les consommateurs vont s'approprier un stimulus, il faut par conséquent gommer tout facteur externe pouvant jouer un rôle de référent. Un fumeur attaché à une marque soutiendra qu'il reconnaîtrait immédiatement son goût parmi plusieurs autres, mais les tests en aveugle montrent que rares sont les personnes capables d'un tel exploit. Il faut de même s'assurer que la cible visée possède les clefs nécessaires à la compréhension du message transmis. Personne n'a oublié les publicités pour la Renault 14, où l'on présentait la voiture à l'intérieur d'une poire pour souligner son aérodynamisme. Or, si ce fruit n'évoque aucunement un tel concept dans l'esprit des gens, il y est par contre familièrement associé à une connotation péjorative. Le modèle ne s'en releva jamais.

La deuxième approche découle de la *Gestalttheorie.* Dans cette conception de la perception le raisonnement n'intervient pas. L'objet (la forme) émerge spontanément sur un fond qui devient secondaire. Ce qui conditionne l'apparition d'une forme, c'est ce sur quoi l'individu concentre son attention. Face à un même message, deux personnes peuvent ainsi déboucher sur des combinaisons inversées du couple forme/fond. Dans le premier dessin de la figure 2-4 on aperçoit un saxophoniste si on se concentre sur la partie noire du dessin et un visage avec la partie blanche. Avec le second, on peut faire émerger soit une tête d'Indien, soit un esquimau vu de dos. Ce fut la même chose avec l'affiche du film *Batman*, où l'on voyait soit la chauve-souris sur fond de lune, soit une bouche grande ouverte avec les amygdales.

Cette dichotomie forme/fond traduit un vrai problème. On a en effet souvent tendance (surtout en France) à vouloir faire une œuvre d'art d'un spot publicitaire, parfois au détriment du message central qui n'est pas suffisamment saillant parmi les éléments d'exécution (personnages, couleurs, mouvement...). Les consommateurs peuvent raconter le film en détail, mais dès qu'on les questionne sur

Est-ce un homme jouant du saxo… ou la silhouette d'une femme ? (Indice : l'oeil de la femme est la tache en face de la bouche du saxophoniste)

Est-ce le visage d'un indien d'Amérique ou un esquimau ?

Figure 2-4

le produit ou la marque, ils sont incapables de répondre. *A contrario*, on peut citer des publicités très courtes comme celle pour les cachous Lajaunie ou pour le site internet Kelkoo, dont la seule ambition est de permettre une bonne mémorisation du nom (même sans information précise sur le produit).

Selon la dernière approche, d'essence phénoménologique ou psychosociale, trois éléments guident la perception d'un individu : sa relation émotionnelle avec l'objet, son état psychologique, et enfin son environnement social. Un consommateur très attaché à une marque percevra favorablement tout nouveau produit commercialisé par celle-ci, alors qu'un autre dont l'attitude *a priori* est neutre sera plus réservé. Quelqu'un ayant accumulé les ennuis durant la matinée gardera une image négative d'un restaurant s'il a dû attendre dix minutes avant qu'une table ne se libère le midi (quelle que soit la qualité du repas et du service) ; un autre individu plus chanceux en aura pour sa part une bien meilleure perception. Enfin, on sait qu'un spectacle génère une émotion plus forte si on partage son plaisir avec quelqu'un.

Cette dimension de la perception est la plus difficile à contrôler car elle dépend d'éléments individuels sur lesquels l'entreprise n'a que peu de moyens d'actions. Des recherches sont toutefois menées depuis quelques années pour mieux saisir l'impact réel de l'humeur et des émotions dans le processus de consommation. Cela ne permettra bien évidemment pas de modifier l'état profond des consommateurs (encore que des facteurs d'ambiance – musique, couleurs, odeurs… – puissent y contribuer), mais au moins d'en atténuer l'incidence.

3. Les seuils de perception

Trois seuils sont à considérer pour gérer une perception :

– *Le seuil minimum* : c'est la plus petite intensité perçue du stimulus. Combien de fois mon spot publicitaire doit-il être diffusé pour que *n* % de ma cible ait au moins *p* contacts avec lui ? Combien de *facings* dois-je au moins accorder à ce produit pour qu'un consommateur qui parcoure à une allure normale l'allée d'un hypermarché le perçoive ? (Il peut y avoir perception inconsciente en dessous du seuil minimum – perception subliminale –, mais contrairement à beaucoup d'idées reçues, celle-ci ne semble pas déboucher sur un phénomène de persuasion, et encore moins sur une réponse comportementale.)

– *Le seuil maximum* : c'est le seuil au-delà duquel une augmentation de la stimulation n'améliore plus la perception. À partir de combien de passages TV est-ce que je gaspille mon argent ? À partir de combien de *facings* est-ce que l'effet de masse n'agit plus sur le niveau des ventes ?

– *Le seuil différentiel* : c'est la plus petite variation de stimulation qui soit perceptible. À la fin du XIXe siècle, Weber a montré que ce seuil est une donnée relative qui dépend du stimulus initial. Plus celui-ci est fort, plus l'intensité additionnelle doit être grande pour être perçue. D'après la loi de Weber, on a donc la relation suivante : $\Delta I/I = K$ (constante).

Cette notion de seuil différentiel soulève beaucoup de problèmes intéressants en matière de consommation : dans quelle proportion peut-on augmenter un prix ou diminuer une quantité sans que cela ne soit perceptible ? Quelle amélioration minimale doit-on apporter à un produit pour que le consommateur ressente une différence avec l'offre antérieure ?

II La mémorisation

1. Mémoire à court terme et mémoire à long terme

Dire que la mémorisation fonctionne efficacement, revient schématiquement à dire que l'information peut aisément passer d'un niveau de stockage à l'autre (qui ne correspondent d'ailleurs pas à des zones différentes du cerveau), aussi bien de la mémoire à court terme vers la mémoire à long terme (rétention), que dans le sens inverse (récupération).

La mémoire à court terme représente la mémoire de travail. Elle ne peut contenir, pendant un temps limité, qu'une quantité restreinte d'informations (7 unités ± 2, suivant les individus et les situations, *cf.* Miller, 1956). Elle rend disponible les données dont un individu a ponctuellement besoin pour mener une tâche à bien le temps de la finaliser. Une fois celle-ci accomplie, les informations doivent laisser la place à d'autres. On est capable de retenir un numéro de téléphone le temps de le composer sur un cadran.

La mémoire à long terme, au contraire, possède une capacité de stockage qui n'est limitée ni en quantité ni en durée. Elle constitue les archives qui témoignent de tout ce qu'une personne a pu apprendre au cours de sa vie. La plupart des données emmagasinées, bien que disponibles, ne sont toutefois pas accessibles à l'individu, qui ne dispose plus des étiquettes *ad hoc*. Il faut un stimulus opportun pour en récupérer certaines, grâce à la reconnaissance. Un même phénomène peut aussi pallier certaines lacunes en termes de stratégie de mémorisation. Ainsi chez les jeunes enfants, où rétention et récupération ne sont pas spontanées, apercevoir sur un conditionnement, des éléments déjà vus dans une publicité joue un rôle primordial.

Si une personne souhaite transférer dans sa mémoire à long terme ce dont elle s'est servie pour mener à bien une tâche spécifique, il lui faut d'abord transformer les données brutes en données élaborées. Retenir la liste des conjonctions de coordination n'est pas aisé, sauf si on les met dans un ordre où elles semblent constituer une phrase (mais, ou, et, donc, or, ni, car). Il est ardu d'apprendre son numéro de sécurité sociale, mais quand on sait qu'il commence par un code binaire symbolisant le sexe, puis qu'il continue par l'année de naissance, le mois de naissance, et le département de naissance, il ne reste que six chiffres à se rappeler. Certaines informations peuvent d'ailleurs être présentées sous une forme qui facilite le mécanisme. C'est le cas des allitérations (« *Guinness is good for you* », « *Quand t'as dit Cantadou, t'as dit goût* »...). Le processus d'élaboration n'est toutefois pas suffisant. Il faut aussi une procédure d'étiquetage, afin de créer des liaisons fortes avec des données déjà stockées pour classer les *inputs* dans des cellules repérables en cas de besoin.

2. L'organisation de la mémoire à long terme

On considère que l'organisation des données dans la mémoire à long terme se fait sous forme d'arborescence. Pour chaque catégorie de produits, le consommateur se constitue une hiérarchie qui lui sert de référence (voir figure 2-5).

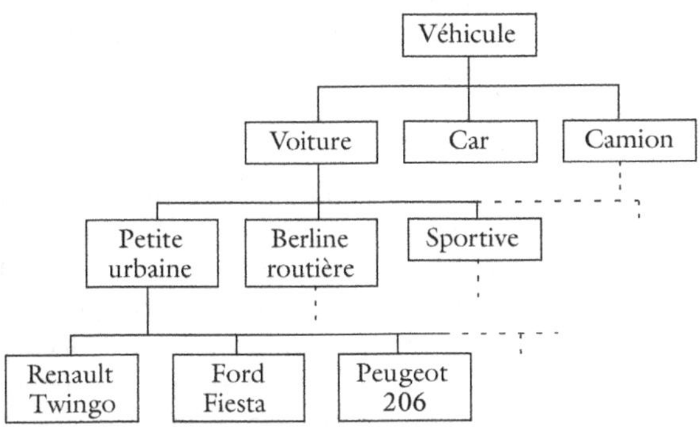

Figure 2-5 – **L'organisation hiérarchique de l'information en mémoire**

Ainsi, une voiture est un véhicule transportant quelques personnes ; un car, beaucoup de personnes ; un camion, des marchandises. Pour chaque élément constitutif d'un niveau hiérarchique, l'individu opère une nouvelle subdivision et définit (consciemment ou non) les limites des différentes classes. Il continue ainsi jusqu'à obtenir un degré de précision suffisant pour comparer les objets deux à deux.

Cette notion de hiérarchie permet d'appréhender la similarité perçue par les consommateurs entre les objets. On peut ainsi déterminer les produits qui représentent pour eux des alternatives directement concurrentes. Le TGV est-il une option qui se substitue aux trains traditionnels ou à l'avion ? Tout dépend sans doute des poids respectifs associés à des attributs comme la distance à parcourir, le prix, la praticité... Si une entreprise met sur le marché un lambris à motif, quelle sera sa clientèle ? Les acheteurs de lambris uni, qui percevront le nouveau produit comme une déclinaison de celui-ci, ou bien les acheteurs des autres revêtements muraux décorés (papiers peints, tissus...) ?

Deux dimensions sont contenues dans cette hiérarchie :

– Une dimension verticale, constituée par les différents niveaux. Dans l'exemple rapporté à la figure 2-5, le degré le plus important sera le deuxième car c'est autour de lui que s'ordonnent les autres. Si l'on demande à quelqu'un : « comment comptez-vous aller là-bas ? », il répond « en voiture », pas « en petite urbaine », ni « en véhicule », ou encore « en Fiat 500 ». Pour un achat par contre, il lui faut descendre à ce dernier niveau car son traitement de l'information et la stratégie de négociation menée auprès du vendeur vont dépendre des biens qu'il juge concurrents.

– Une dimension horizontale. Pour chaque niveau, un individu définit une position médiane (ou prototype) à partir de laquelle il construit ses évaluations et compare les alternatives. Quand il découvre ainsi la Fiat 500, il la confronte avec ce qui est pour lui le prototype de la petite urbaine. Sur cette base il décide ou pas de la classer dans cette catégorie, puis développe en référence des croyances à son encontre. Plus un produit est innovateur et s'éloigne des prototypes référents, plus il faudra du temps au consommateur pour absorber l'information. Et plus l'innovation se situe en haut de la pyramide, plus la tâche est ardue car la délimitation des classes devient générale. Cela fait donc partie du rôle des responsables marketing que d'aider les consommateurs à relier un produit nouvellement lancé à quelque chose de familier.

Parfois, l'établissement d'une hiérarchie est complexe comme ce fut le cas avec les micro-ordinateurs personnels. Quel doit être le niveau supérieur ? Combien doit-il y avoir de niveaux ? À quel(s) prototypes(s) faut-il le relier (calculatrice, jeu vidéo, outil de communication...) ?

Lorsqu'un consommateur bâtit un niveau dans une hiérarchie, il doit savoir comment les biens seront utilisés. Est-ce que tel biscuit doit être consommé au petit-déjeuner ? Comme dessert ? Pour le goûter des enfants ? C'est ce type d'indications fonctionnelles qui sert d'ossature à un individu pour établir sa connaissance lexicale, c'est-à-dire pour choisir les termes qu'il va utiliser afin d'identifier une catégorie de produits ou de marques et de l'évaluer en terme de bénéfices, donc pour générer une attitude.

3. La recherche interne d'information

Dans une recherche d'informations, le consommateur commence par recenser les données stockées dans sa mémoire à long terme (recherche interne), et par jauger si celles-ci suffisent à une prise de décision acceptable. Ce n'est qu'en cas de réponse négative (si la motivation qui le guide est assez forte et le temps pour prendre sa décision pas trop court), qu'il les complète en consultant des sources externes (médias, amis, points de vente...).

Pour des biens courants, une stratégie élaborée est superflue. Il s'agit d'articles à faible risque perçu, dont le ré-achat est fréquent et où les connaissances requises sont limitées. Une présence visible au point de vente suffit à générer une reconnaissance. Pour des produits comme l'automobile ou l'électroménager la demande stratégique est par contre plus forte car un rappel est nécessaire. Il faut stocker et actualiser beaucoup d'informations complexes. Sans cela, le besoin externe devient considérable et risque d'amener le consommateur à un choix approximatif, soit parce que l'ampleur de la tâche l'aura découragé, soit parce qu'il n'aura pu assimiler rapidement toutes les données.

Il n'y a pas de corrélation négative forte entre les deux niveaux de recherche. Plus la phase interne est riche, plus le consommateur se sent confiant dans son jugement. Mais cette richesse est relative et n'entraîne pas une réduction automatique du processus externe. On a ainsi pu voir qu'en résolution limitée de problème (c'est-à-dire quand ils doivent faire face à une marque inconnue dans une classe de produits qui commence à lui devenir familière) les experts n'hésitent pas à approfondir leur analyse en comparant les attributs alors que les novices se contentent d'une approche très globale. Beaucoup de variables médiatrices (implication, personnalité, innovativité, lien avec la marque...) sont en fait déterminantes dans la quantité totale d'information que chacun estime devoir posséder.

De nombreuses études, enfin, ont montré qu'un consommateur qui possédait beaucoup d'informations sur un objet pouvait aisément inférer l'essentiel des données manquantes, et que cette familiarité facilitait également l'apparition de nouvelles connaissances sur le produit.

III Attitudes et comportements

1. Les attitudes

Contrairement aux sens avec lesquels ils sont employés dans le langage courant, les comportements et les attitudes correspondent à des réalités très différentes. Les premiers représentent ce que nous faisons (et peuvent donc être observés), alors que les secondes se réfèrent à ce que nous ressentons et peuvent seulement être inférées à partir de déclarations. En synthétisant toutes les définitions proposées depuis plus de cinquante ans, on définira l'attitude comme un état appris et durable de prédisposition (favorable ou défavorable) envers un objet.

L'intérêt des recherches sur les attitudes, une variable centrale dans l'étude du comportement du consommateur, réside pour l'essentiel dans la volonté d'anticiper la réponse finale : quel produit un groupe de consommateurs va-t-il choisir au sein d'une catégorie donnée ? Comment se comportera-t-il face à une innovation ? Un double postulat préside à l'étude de cette relation : d'une part, il existe une priorité causale entre attitude et action, et d'autre part le lien entre les deux éléments est suffisamment étroit pour qu'une connaissance du premier autorise une bonne prédiction du second.

À la base de l'attitude figurent les croyances (la dimension cognitive). Nous pouvons voir un objet de manière holistique, mais aussi comme l'agrégation d'attributs : je peux aimer les fleurs, mais je peux aussi aimer leur odeur, leur valeur décorative... Dans une optique purement rationnelle, ces croyances sont censées naître de la confrontation évaluative entre les attentes de l'individu et la réalité de l'objet. Dans les faits, beaucoup de croyances apparaissent sur des bases nettement plus subjectives. Les études ont d'ailleurs montré que face à l'inconnu la plupart des gens génèrent spontanément des croyances négatives conduisant à la méfiance. C'est notamment un frein à la mise sur le marché de produits très innovants.

La deuxième dimension de l'attitude est la dimension affective. Il s'agit de l'orientation qui découle des croyances (« j'aime » ou « je n'aime pas »). On tend de plus en plus, aujourd'hui, à considérer que cette dimension se confond avec le concept même d'attitude.

La dernière dimension, enfin, est *conative* (comportementale). Il s'agit de l'intention d'agir. Si dans une classe de produits, un consommateur a une attitude positive envers la marque X, il est logique de penser que son intention d'achat se tournera en priorité vers elle.

Les dimensions cognitives et affectives sont toujours présentes, ce qui n'est pas le cas de la troisième. Même peu nombreuses, on a toujours des croyances vis-à-vis d'un objet qui nous amènent à une certaine prédisposition à son égard. Il se peut par contre que cet *a priori* favorable ou défavorable ne se traduise par aucune intention d'action. On peut avoir une attitude très positive envers des programmes diffusés par le câble sans pour autant souhaiter s'abonner, faute de temps pour les regarder.

Pour le consommateur, l'attitude joue un rôle d'adaptation au milieu. Il recherche ce qui lui est agréable et ce qui le valorise dans la société. Elle assure aussi une fonction de défense. Comme elle repose sur les croyances, elle contribue à donner une vision déformée de la réalité et permet de minimiser ses faiblesses. Elle agit enfin sur l'organisation des connaissances, en fournissant un cadre de référence pour juger les informations relatives aux différents produits.

2. La relation entre attitude et comportement

L'approche traditionnelle émet le postulat suivant lequel les attitudes contrôlent les comportements. Si elles sont modifiées, par une publicité par exemple, les actions en sont affectées par contrecoup. Ainsi, il y a quelques années, la croyance d'une pénurie imminente de sucre a-t-elle amené un comportement de sur-stockage. De même, l'assimilation « tête de gondole = promotion » conduit les consommateurs à y prendre un produit au détriment du rayon correspondant, sans vérifier au préalable qu'il existe bien une différence de prix.

Il peut toutefois se faire qu'un comportement précède une attitude. Ainsi, c'est en obligeant les conducteurs français à attacher leur ceinture de sécurité qu'une majorité a fini par faire sienne la croyance que ce geste pouvait sauver la vie en cas d'accident.

Deux mécanismes peuvent expliquer cette inversion : un problème d'attribution ou une dissonance cognitive.

La théorie de l'attribution nous dit qu'un individu ne peut accepter de réaliser un acte gratuitement. Il attribue donc une cause à ses comportements afin de les justifier. Cette rationalisation *a posteriori* va faire émerger une attitude favorable à l'encontre de la réponse, comme si la première avait précédé la seconde. Un individu qui, dans une catégorie, choisit un produit par hasard, va avancer des raisons post-achat (techniques ou hédonistes) pour expliquer sa décision. On retrouve un phénomène similaire en communication, où le récepteur attribue systématiquement une source à un message. C'est la source perçue, et non les caractéristiques du message, qui guide souvent son attitude à l'encontre de celui-ci.

La théorie de la dissonance cognitive de Festinger (1957) explique la réaction des individus en cas d'incohérence perçue entre attitudes et comportements. Le retour à l'équilibre peut prendre deux formes : trouver une raison qui clarifie l'inadéquation, ou bien modifier l'attitude pour qu'elle coïncide avec les actes. Si la dissonance est forte, cette deuxième voie est la plus fréquente. Une expérience célèbre a été menée sur un campus américain. On avait demandé à des étudiants, moyennant rétribution, d'écrire un article justifiant l'intervention des policiers lors d'une grève à laquelle ils avaient participé (la rémunération variait fortement d'un étudiant à l'autre). Ceux qui ont reçu une somme conséquente avaient de quoi motiver la rédaction du papier et ont tenu des propos très mesurés pour ne pas trop dévier de leurs idées. Par contre ceux qui n'ont eu qu'un paiement symbolique ont connu une forte dissonance qui a conduit la plupart d'entre eux à modifier leur attitude, et à faire un article très favorable à la répression. En matière de consommation, une dissonance cognitive amène souvent une recherche d'information post-achat sélective, où l'individu valorise les éléments qui le rassurent sur la pertinence de la décision qu'il a prise. Au besoin il idéalisera la marque. C'est elle qui explique également pourquoi certaines techniques de *hard-selling* (vente de semaines en *time-share* par exemple) sont si efficaces. Plutôt que de faire jouer la clause légale de rétraction qui leur est offerte pendant sept jours, beaucoup de gens (refusant d'admettre qu'ils n'ont pas vraiment signé en toute conscience) préfèrent, *a posteriori*, s'inventer une justification.

Plusieurs études ont examiné la relation entre achats de produits courants et attitude. Il en ressort que si les attitudes sont généralement conformes aux achats immédiatement après, elles avaient évolué quelque temps plus tard. Pour ce type d'articles, l'habitude semblerait donc un indicateur plus fiable que l'attitude. Pour les achats moins fréquents, les expériences vécues jouent un rôle moindre ; on retrouve alors le paradigme classique. De fait, il peut y avoir cohabitation de logiques normales et inversées dans la hiérarchie des réponses.

Malgré ces réserves, l'état actuel de la recherche permet toutefois d'accepter comme hypothèse forte l'existence d'une relation directive importante (à défaut d'être causale) entre attitude et comportement.

3. Le modèle attentes/valeurs

Ce modèle prédictif, dû à Martin Fishbein, relève d'une logique compensatoire, c'est-à-dire que les croyances négatives générées par un individu sont compensées par ses croyances positives. Il postule que l'intention de comportement [BI] peut s'inférer à partir de l'attitude envers l'objet [A], celle-ci étant obtenue grâce à la somme des

$b_i \cdot a_i$, où b_i représente la force de la croyance *i* sur l'objet (« je crois que cette voiture est très confortable »), et a_i *l'aspect évaluatif* de chaque b_i (« le confort d'une voiture est important pour moi »). Si on considère l'ensemble des *n* croyances que l'individu a sur l'objet, on obtient :

$$BI \cong A_o = \sum_{i=1}^{n} b_i \cdot a_i$$

Cette approche, qui lie étroitement les dimensions de l'attitude, fait ressortir les axes de communication auxquels le consommateur est sensible. On peut travailler sur la force de la croyance (b_i) ; on tentera par exemple de crédibiliser les performances d'une voiture en matière de sécurité si ce critère est important pour la cible. On peut également modifier la hiérarchie des a_i ; on cherchera alors à convaincre que la sécurité, jugée accessoire dans l'évaluation, doit être une préoccupation essentielle ; on peut encore vouloir agir sur l'attitude sans passer par les croyances (parfums ou cafés haut de gamme type Carte Noire). Le film vise à créer une réaction émotionnelle, pas à donner des informations précises sur le produit. On peut enfin travailler directement sur l'intention d'achat grâce à des promotions au point de vente ou à des actions de *merchandising*.

Bien que stable, une attitude peut cependant évoluer si les individus sont en contact avec d'autres informations. Une mesure faite à un moment donné peut ne plus être valide quelque temps après et amener une mauvaise prédiction du comportement (on le constate avec l'évolution des baromètres électoraux).

De plus, il est patent qu'un consommateur achète parfois des produits pour des raisons très éloignées d'une quelconque préférence personnelle. Quelqu'un peut ne jamais boire d'alcool et s'approvisionner régulièrement pour recevoir ses amis de manière conviviale ; ou, *a contrario*, beaucoup aimer les grands crus de Bordeaux mais ne jamais en acheter par avarice et se contenter d'en boire chez des amis.

À cause de cela, et malgré ses qualités, le modèle attentes/valeurs s'est avéré peu valide pour prédire les intentions d'action.

4. Le modèle de l'action raisonnée et le modèle du comportement planifié

Pour améliorer la validité, Fishbein et Ajzen (1975) ont proposé des modifications au paradigme initial :

– *La remise en cause de l'approche classique*, qui fait de l'attitude l'agrégation de cognitions, d'évaluations, et de dispositions comportementales. En considérant croyances et intentions comme des entités différenciées, ils en font un concept unidimensionnel.

– *L'absence de corrélation systématique* entre l'attitude vis-à-vis d'un objet [A_0] et celle vis-à-vis de l'action à mener avec lui [Aact]. Dans une optique prédictive, il est préférable de mesurer le second paramètre plutôt que le premier, car il est plus proche de l'action.

– *La prise en compte de l'entourage*, qui peut autant influer sur l'action que l'attitude personnelle et qui peut même amener une contradiction entre les convictions et les comportements. Fishbein et Ajzen ont donc introduit la notion de norme subjective [SN], qui se réfère à la perception de la pression exercée par les groupes, et qui dépend de deux choses : la croyance normative [NB], c'est-à-dire ce que nous pensons que les autres attendent de nous, et la propension à nous y soumettre [MC]. On a alors : [SN] = [NB].[MC].

La théorie de l'action raisonnée relie ainsi l'intention de comportement [BI] à deux paramètres essentiels : [Aact] et [SN], pondérés par ω_1 et ω_2, qui sont déterminés par une analyse de régression. Plus ω_2 devient important relativement à ω_1, plus cela signifie que la pression perçue du groupe est susceptible de contrebalancer l'attitude individuelle envers l'action.

$$BI \cong [Aact] \cdot \omega_1 + [SN] \cdot \omega_2$$

Parmi les critiques faites au modèle de l'action raisonnée, on en retiendra deux principales :

L'ignorance des facteurs externes, et notamment de l'expérience passée, dont l'effet est sensible sur les comportements présents. Ajzen (1985) a apporté une réponse partielle en ajoutant le concept de contrôle perçu [PC] comme composante de l'intention. Il s'agit de la capacité perçue d'un individu à mener à bien une action souhaitée (le contrôle d'une tâche dépend des expériences antérieures).

La pertinence, ensuite, qu'il peut y avoir à différencier de manière aussi tranchée [Aact] et [SN]. Les quelques recherches qui se sont penchées sur le problème semblent toutes conclure à une interdépendance entre les deux variables. Ces travaux indiquent en effet que la part des déterminants sociaux véritablement dissociée de l'attitude vis-à-vis de l'action, n'est qu'une donnée résiduelle.

Le modèle du comportement planifié, est une généralisation de celui de l'action raisonnée. Isaac Ajzen a rajouté une variable, le contrôle comportemental perçu, qui traduit le sentiment que l'individu sera à même de maîtriser les conséquences de ses actions. Si le contrôle comportemental perçu est élevé, on se trouve dans le cas de l'action raisonnée ; s'il est faible, l'inquiétude de l'individu peut le conduire à ne pas agir, même si son attitude envers l'action est positive et s'il ne subit aucune pression de son entourage (j'ai envie de conduire une voiture de course, personne ne m'en dissuade, mais j'ai peur de ne pas pouvoir maîtriser la voiture dans les virages et je vais donc m'abstenir).

5. Le modèle de Fazio (1985)

Les travaux de Fazio s'inscrivent dans la lignée initiée par Fishbein et Ajzen, qui considère l'attitude comme un concept unidimensionnel. Il apporte toutefois des éléments de réponse qui semblent plus puissants que la notion de contrôle perçu pour pallier les faiblesses de la théorie de l'action raisonnée.

Fazio (1985) explique la relation attitude/comportement comme le fruit d'une perception sélective puis d'un traitement de l'information, tous deux guidés par l'attitude. Selon lui, le lien est d'autant plus fort que l'attitude peut être activée facilement à partir de la mémoire, c'est-à-dire quand l'expérience a déjà initié souvent le lien attitude/comportement.

Comme dans la théorie de l'action raisonnée cependant, la perception des normes véhiculées par les groupes vient se combiner à l'attitude immédiate qui est issue du traitement de l'information pour amener la réponse comportementale.

IV La prise de décision

1. Attributs importants, déterminants, saillants

Au moment d'opérer un choix entre plusieurs produits, le consommateur doit les considérer comme des paniers d'attributs. Il ne peut évidemment pas prendre en compte la totalité des caractéristiques structurant un objet et seule une infime partie est retenue pour la décision. On se heurte en fait à un quadruple filtrage: ce que l'individu connaît, ce que ses capacités cognitives lui permettent d'intégrer, ce qui correspond à ses centres d'intérêt, et ce à quoi il va penser lors du choix. En partant de l'agrégat initial, on définit plusieurs niveaux d'attributs sur des bases de plus en plus contraignantes.

Parmi ceux qui sont connus, on trouve d'abord les attributs importants. Ce sont ceux auxquels le consommateur accorde beaucoup de poids car ils sont en adéquation avec ses attentes pour une situation d'usage.

Cette notion n'est toutefois pas satisfaisante car elle ne permet pas toujours d'arbitrer. Imaginons un automobiliste désirant changer sa voiture, et pour qui une caractéristique l'emporte largement sur les autres: la consommation d'essence. Il prend les fiches techniques des modèles appartenant à son ensemble évoqué, et évalue leur performance sur cette dimension. Il s'aperçoit que tous consomment six litres pour une vitesse de 90 km/h. Malgré le poids élevé accordé à ce facteur, celui-ci s'avère inutile. Il est donc préférable de retenir des éléments d'appréciation cumulant deux propriétés: être importants (même s'ils ne viennent pas en tête de liste) et être pertinents pour discriminer les produits. Ces caractéristiques, qui vont devenir les critères de choix, sont les attributs déterminants.

Il existe enfin un dernier niveau d'analyse, ce sont les critères présents à l'esprit du consommateur au moment du choix: les attributs saillants. Ce sont eux qui amènent finalement la prise de décision. En effet, le peu de temps disponible ou la limite des capacités cognitives conduisent souvent à ignorer une partie des attributs déterminants.

La méthode du questionnaire dual permet d'identifier les attributs déterminants et de bien prendre en compte les deux dimensions sous-jacentes (Pras et Tarondeau, 1981 ; Vernette, 1987). Cette méthode suppose de faire appel à un échantillon représentatif de la population ciblée, et de disposer déjà d'une liste extensive d'attributs. Pour chacun d'entre eux, on détermine un score individuel d'importance et un score individuel de différenciation (sur une échelle d'intervalle en cinq points), et on pose deux questions simples à chaque individu : « Est-ce que cet attribut est important pour vous lorsque vous achetez un... ? », et « Compte tenu, de ce que vous connaissez sur les..., est-ce que vous percevez des différences de performance sur cet attribut ? ». On calcule alors un score individuel de déterminance en faisant le produit des deux, puis un score de déterminance moyen pour l'échantillon. Enfin, on fait la moyenne des scores moyens obtenus pour chaque dimension (la grande moyenne). Les attributs déterminants sont ceux qui obtiennent une note significativement supérieure à cette grande moyenne.

La déterminance n'est pas une notion figée mais la résultante d'un processus perceptif. Cela veut dire que la liste des critères de choix n'est jamais définitive. Elle évolue en permanence. La méthode du questionnaire dual fournit les informations pour construire une matrice facilitant l'identification du statut de chaque attribut et permettant une réflexion sur la possibilité de modifier la liste des critères de choix dans un groupe de consommateur (voir figure 2-6).

		Importance accordée à l'attribut	
		+	–
Aptitude perçue de l'attribut à différencier des alternatives concurrentes	+	1	2
	–	3	4

Figure 2-6 – **Les statuts de l'attribut**

- Si l'attribut se trouve dans le quadrant 1 (importance et différenciation perçue élevées), il sera à l'évidence un critère de choix. Il faut donc agir sur son importance perçue. Si notre marque est

évaluée positivement sur cette caractéristique, il faut s'efforcer d'accentuer davantage encore son importance afin d'en bénéficier pleinement lors du choix. Si par contre elle est mal évaluée, il faut essayer de la réduire pour en minimiser l'impact.

- Si l'attribut se trouve dans le quadrant 2 (importance faible et différenciation perçue élevée), l'action à mener dépendra de la manière dont notre marque est évaluée sur ce critère. Si l'on est bien évalué, il faut que cette caractéristique soit un critère de choix : on s'efforcera alors d'en augmenter l'importance. Si l'on est mal évalué, on fera tout pour retirer cet attribut de la liste déterminante en essayant de faire apprendre au consommateur que les produits sont à peu près tous les mêmes sur cette dimension.
- Si l'attribut se trouve dans le quadrant 3 (importance élevée et différenciation perçue faible), la logique à retenir est identique à celle du quadrant 2 mais inversée. Si l'on est bien évalué, il faudra que cette caractéristique devienne un critère de choix : on s'efforcera alors de faire percevoir par le consommateur des différences plus importantes entre les offres concurrentes (cette action est plus simple à réaliser que dans le cas précédent car, comme l'attribut est important pour lui, le consommateur est motivé pour l'intégrer dans sa liste). Si l'on est mal évalué, on fera tout pour retirer cet attribut de la liste déterminante en essayant d'en minimiser l'importance.
- Si l'attribut se trouve dans le quadrant 4 (importance et différenciation perçue faibles), il y a très peu de chance qu'il puisse devenir un critère de choix. Ce n'est donc pas un levier pour les actions marketing.

2. Les modèles multi-attributs

Pour retenir une alternative, le consommateur doit se fixer des règles claires en vue d'organiser les attributs déterminants. Celles-ci peuvent relever de deux logiques principales : compensatoires ou non-compensatoires.

Quels qu'ils soient, les modèles compensatoires ont tous un point commun : aucun attribut déterminant n'est éliminatoire ; une mauvaise performance sur l'un d'entre eux peut toujours être compensée par de bons scores sur les autres. Seul l'équilibre global importe.

Les plus fréquents sont les modèles additifs, issus de celui de Fishbein. On trouve ainsi le modèle de Bass et Talarzyk, qui postule que la préférence à l'égard d'une marque (P_b) sera d'autant plus forte que l'attitude [A_b] est elle-même élevée. Celle-ci est calculée à partir de la somme des $a_i.b_i$, où b_i représente la performance perçue de la marque sur l'attribut *i*, et a_i le poids accordé à cet attribut :

$$P_b \cong A_b = \sum_{i=1}^{n} b_i.a_i$$

D'autres modèles peuvent être multiplicatifs, c'est-à-dire que la simultanéité d'un niveau élevé de performance sur deux attributs, l'effet va conduire à un effet d'accélération de la préférence. D'autres enfin, comme le modèle *Trade-Off*, peuvent prendre une forme quelconque.

Dans les logiques non-compensatoires, le consommateur veut d'abord éviter le choix d'un produit peu performant sur certains attributs. Le modèle conjonctif, le conduit ainsi à fixer un seuil sur un ou plusieurs critères afin d'éliminer les alternatives non-acceptables. Tous les produits n'atteignant pas ces conditions de performance minimale sont rejetés, quelles que soient leurs qualités par ailleurs. Le modèle disjonctif amène quant à lui l'acheteur à ne retenir que les marques obtenant le meilleur score sur un attribut, quel qu'il soit ; il correspond rarement à une réalité en matière de choix de consommation. Le modèle lexicographique enfin, suppose une hiérarchie des attributs déterminants par ordre d'importance. L'individu évalue les produits sur la dimension classée première et si l'un d'entre eux se détache, il l'achète (dans les faits, il fixe souvent un écart minimal de performance pour accepter la non-égalité). Sinon, il passe les *ex aequo* au crible de l'attribut n° 2, et continue ainsi jusqu'à ce qu'un choix se dégage.

Prenons l'exemple rapporté au tableau 1. Si un acheteur suit une logique lexicographique, il considère d'abord le prix, attribut sur lequel la marque A est la mieux placée, et choisit celle-là. S'il suit une règle compensatoire additive, il retient cette fois la marque B (score de A: (5×3)+(1×2)+(1×1) = 18 ; B = 22 ; C = 19). Enfin, s'il suit un modèle conjonctif en rejetant toute alternative ayant une note inférieure à 3 sur un attribut quelconque, il élimine A et B ; il reste la marque C.

Tableau 1 – **Notes pour un processus lexicographique**

Attribut	Poids de l'attribut	Marque A	Marque B	Marque C
Prix	3	5	4	3
Qualité	2	1	4	3
Praticité	1	1	2	4

3. Attributs et segmentation

Segmenter un marché, nous l'avons dit, consiste à le diviser en sous-marchés les plus homogènes possibles et les plus différents possibles les uns par rapport aux autres, afin de pouvoir appliquer à chacun d'eux un marketing spécifique efficace. Traditionnellement, les critères retenus sont soit des facteurs liés directement aux caractéristiques des consommateurs (âge, sexe, type d'habitation…), soit des variables simples liées à leur processus de consommation (quantité habituellement achetée, type d'utilisation…).

Toutefois, une tendance se développe qui concoure à faire reposer la segmentation sur la relation unissant les consommateurs aux attributs qui président au choix. Une première approche, basée sur les avantages recherchés (Haley, 1968), connaît un certain succès depuis vingt ans. Une seconde, qui a pour essence les chaînages cognitifs, émerge depuis les années 1990 (Aurifeille, 1993 ; Valette-Florence, Ferrandi et Roehrich, 2003).

La segmentation par avantages recherchés vise à regrouper les consommateurs autour du bénéfice principal qu'ils espèrent retirer en consommant un produit dans une situation donnée. Un bénéfice est la formalisation concrète de la motivation qui guide leur choix (je veux qu'un café soit vite préparé, qu'il ait de l'arôme et du goût, qu'il soit économique…). Le fait d'attendre un bénéfice spécifique conduit le consommateur à se préoccuper en priorité de la performance de certains attributs, qui sont la garantie que son espérance ne sera pas déçue. Quelqu'un de sensible à l'économie quand il achète un café s'intéressera surtout au prix et à la forte concentration ; quelqu'un qui préfère l'arôme et le goût se focalisera plutôt sur le type de café (arabica), son origine, ou l'étanchéité du paquet. Il existe donc une corrélation forte entre avantage recherché et attributs déterminants.

Le principe consiste à identifier les principales combinaisons d'attributs auxquelles s'intéressent les acheteurs, de manière à faire ressortir les bénéfices attendus d'un produit (une même personne peut appartenir à deux segments différents, car ses attentes varient d'une situation à l'autre : un café vite préparé le matin, mais un café fort en arôme pour les invités). Une telle segmentation facilite la phase de réflexion marketing dans la mesure où elle fixe déjà les orientations à retenir pour le positionnement et les axes de communication.

Les chaînes moyens-fins constituent une vision intéressante des recherches sur les valeurs (voir les paragraphes sur la culture et sur les styles de vie). Elles visent à lier les attributs déterminants auxquels s'intéresse le consommateur aux valeurs terminales auxquelles il aspire, en faisant ressortir les variables intermédiaires (situation d'usage, bénéfice attendu). Elles tentent de retracer, étape par étape, le chemin logique qui unit ces deux éléments extrêmes.

En reprenant l'exemple du café, on pourra ainsi avoir les chaînages suivants :

Marque → bien noir → force → être en forme → dynamisme → harmonie
Marque → image de marque → bon goût → dégustation → plaisir
Marque → image de marque → bon goût → invitation d'amis → générosité → amitié véritable
Marque → café soluble → vite prêt → efficacité → liberté

Figure 2-7 – **De la connaissance du produit à la connaissance de soi**

S'il semble maintenant acquis que de tels chaînages donnent une bonne validité prédictive au niveau individuel, la difficulté est toute autre en matière de segmentation. La principale d'entre elles venant du fait qu'il faut parvenir à constituer des ensembles homogènes d'individus à partir de données de bases (les chaînes) qui sont très variables de l'un à l'autre.

V Après l'achat : la satisfaction ou l'insatisfaction

Dans les années cinquante déjà, P. Drucker, grand théoricien du management soulignait que l'objectif de l'entreprise était de satisfaire ses clients. De fait, dans la mesure où le marketing a pour vocation de favoriser les échanges entre une organisation et un consommateur par le biais d'un contrat (formel ou non) : « en échange de votre argent, je m'engage à vous offrir une réponse appropriée (et meilleure que celle de la concurrence) au besoin que j'ai identifié chez vous », le renouvellement de ce contrat suppose que le consommateur ait le sentiment que la transaction ne s'est pas faite à son détriment. (Le lecteur trouvera une revue de littérature complète sur la satisfaction et ses fondements dans Evrard (1994) et Levy et Manceau (1994).)

Pour qu'il puisse y avoir satisfaction, il faut qu'il y ait eu au préalable action, donc achat. La satisfaction va ainsi représenter une réponse positive à l'expérience de consommation qui est associée à cet achat (et, inversement, l'insatisfaction une réponse négative à celui-ci). Mais pour que le consommateur puisse orienter sa réponse dans l'une ou l'autre direction, il est nécessaire qu'il puisse comparer le résultat de cette expérience à ce qu'il anticipait au moment où il s'est engagé dans l'acte d'achat. Un des éléments essentiels sur lequel repose la satisfaction réside donc dans les attentes initiales, ce qui nous conduit à retenir la définition proposée par Hunt (1979) :

> « le sentiment, lors de l'évaluation de l'expérience, que celle-ci a été au moins aussi bonne que ce à quoi on s'attendait ».

Si l'on fait exception de quelques biens d'équipement primaires, pour lesquels les attentes sont presque exclusivement fonctionnelles et pour lesquels les résultats peuvent être qualifiés d'objectifs (la comparaison attentes/résultats sera alors simple), il y a presque toujours une part plus ou moins grande d'intangible dans ce que l'on va acheter. La satisfaction va donc être le fruit de mécanismes psychologiques complexes :

– Les attentes peuvent relever de réalités diverses : elles peuvent se traduire par des croyances concernant la performance d'un produit (liées par exemple à un contact avec une annonce publicitaire ou à une discussion avec des amis), par des normes fondées sur les expériences passées (tous les films avec Clint Eastwood sont des films d'action, je peux donc aller voir sans crainte *Sur la route de Madison*), par le sentiment que, pour être traité équitablement, je dois recevoir tel type et tel niveau de bénéfices en échange de mon argent. Parfois, les attentes ne sont pas clairement définies avant l'achat et se formalisent progressivement au fur et à mesure que se déroulent les étapes de celui-ci.

– Il y a souvent un décalage important entre qualité objective et qualité perçue dans l'appréciation du résultat. De fait, ce qui sera perçu comme étant positif à court terme ne le sera pas toujours à moyen ou long terme : je peux être satisfait d'avoir obtenu un taux de crédit légèrement meilleur avec cette banque sans me rendre compte qu'au premier incident de paiement je me retrouverai en contentieux, alors qu'avec l'autre qui était un peu plus chère au départ il aurait été relativement aisé de trouver un arrangement pour m'aider à passer le cap difficile.

– La confrontation des attentes et du résultat est fortement contingente de phénomènes d'attribution. Ainsi un résultat décevant ne créera pas d'insatisfaction si on a le sentiment qu'il est accidentel alors que celle-ci sera forte si l'on croit que cela risque de se reproduire. Un résultat négatif conduira à une forte insatisfaction si l'on est convaincu que le fournisseur est responsable, mais il conduira à une redéfinition des attentes pour les mettre au niveau de la qualité perçue si l'on pense être le fautif.

– Les gros efforts faits par les entreprises pour améliorer leurs processus qualité font qu'aujourd'hui celle-ci est devenue normale pour beaucoup de consommateurs. La conséquence la plus visible de cette situation est l'émergence d'une déception (et donc d'une insatisfaction) lorsque les résultats se contentent simplement d'être au niveau attendu et qu'ils ne sont pas meilleurs. Aujourd'hui, les consommateurs veulent de plus en plus être agréablement surpris. Pour qu'ils soient véritablement satisfaits, il faut qu'ils aient été enchantés par le résultat.

– Satisfaction et insatisfaction ne sont pas les deux pôles extrêmes d'un continuum mais représentent deux variables distinctes qui peuvent cohabiter : je serai très insatisfait si ma voiture tombe en panne dans la semaine qui suit son achat. Par contre je ne serai pas satisfait si cela n'arrive pas, je trouverai seulement cela normal. *A contrario*, je ne serai pas insatisfait si le restaurant où je vais dîner ne m'offre pas l'apéritif, par contre j'apprécierai beaucoup le geste s'il décide de le faire.

Les services représentent bien évidemment le champ d'analyse privilégié de l'étude de la satisfaction en raison du caractère totalement intangible des produits, mais le meilleur terrain est sans conteste celui des marchés boursiers où la complexité des mécanismes psychologiques qui entrent en jeu est patente. Il n'est qu'à observer comment les cours peuvent baisser après une nouvelle qui semble bonne ou monter après des informations apparemment négatives; comment l'individu qui avait acheté un titre pour gagner de l'argent va être soulagé (et donc satisfait) parce qu'il va en perdre moins qu'il ne l'avait craint au départ à la suite d'une baisse brutale.

CHAPITRE 3

Les variables internes au consommateur

I Les facteurs socio-démographiques

Les facteurs socio-démographiques ont toujours été très surveillés par les gens de marketing. Le simple bon sens laisse en effet supposer que l'on n'aborde pas les problèmes de la même façon suivant que l'on est jeune ou vieux, homme ou femme, que l'on habite en ville ou à la campagne, que l'on appartient à une famille nombreuse ou à un ménage sans enfant, ou que l'on dispose ou pas de revenus élevés. Ce sont, de plus, des caractéristiques très faciles à identifier chez les individus, et qui ne nécessitent pas l'usage d'outils sophistiqués.

Sans doute certains paramètres sont-ils un peu tombés en désuétude. C'est vrai notamment pour le lieu d'habitat, car les ruraux ne sont plus contraints aujourd'hui de privilégier les ventes ambulantes et par correspondance. La banalisation de l'automobile et le développement des moyennes surfaces dans les petites villes ont largement contribué à homogénéiser les comportements d'achat.

Le recul dont on dispose aujourd'hui nous permet cependant d'affirmer que si de telles variables sont des indicateurs utiles, leur pouvoir prédictif et explicatif reste limité (bien qu'il reste malgré tout supérieur à celui de variables comme les styles de vie – voir paragraphe correspondant dans ce chapitre). C'est pourquoi, si elles doivent constituer la base de nombreuses analyses, il est indispensable de les coupler avec des facteurs modérateurs plus complexes : implication, innovativité, attitudes…

Dans les développements qui vont suivre, nous nous limiterons, pour des contraintes de pagination, à trois paramètres principaux : l'âge, les ressources économiques, et enfin les ressources temporelles.

1. L'âge

Il reste un des principaux facteurs d'influence de la consommation et un des premiers critères homogènes de segmentation, même si l'on trouve beaucoup de spécificités individuelles dans chacune des classes. Les radios, la SNCF ou la presse, pour ne citer que ces exemples, utilisent abondamment cette variable pour structurer leur offre. Parmi les tranches les plus intéressantes, on trouve :

– *Les enfants*, qui sont devenus une véritable force économique (voir le paragraphe sur la famille).

– *Les 15-25 ans*, qui constituent aujourd'hui une énigme car ils ne se réfèrent plus à des repères stables. Finie la *Boss Generation* des années quatre-vingt pour qui modernisme se conjuguait avec activité, technologie et gaieté. L'extrême diversité des valeurs et des pratiques, notamment dans les domaines majeurs de leur spécificité culturelle (sorties, musique, sport...), a conduit à parler de *génération X*, elle-même vite supplantée par une *génération Y* puis par une *génération* Z (appelée aussi *millenials* ou *digital natives*). Aujourd'hui cet âge traditionnel de l'adolescence se fond dans un ensemble plus flou qui commence vers 9 ans (avec ce que l'on appelle les *tweens*) et qui se termine aux alentours de la trentaine (le fameux effet Tanguy, du nom du film éponyme). La consommation des jeunes est régie par des codes subtils, variés et changeants, qui les rendent difficiles à décrypter en temps réel. En matière vestimentaire par exemple, tous restent centrés autour d'une norme universelle (jeans, baskets, décontraction) mais chacun veut exprimer sa personnalité et les liens qui l'unissent avec sa tribu par de nombreux accessoires et détails.

– *Les seniors* (à partir de cinquante ans), qui représentent depuis quelques années un marché en pleine expansion. On assiste à une inversion de la pyramide des âges car l'espérance de vie ne cesse de croître alors que le taux de natalité tend au mieux à stagner. Il s'agit d'une classe de consommateurs qui possède, pour une grande part d'entre elle, un pouvoir d'achat élevé, et qui entend bien profiter d'une bonne santé physique et mentale pour jouir des produits culturels, sportifs ou de loisirs.

2. Les ressources économiques

Sous cette appellation, on retrouve bien sûr la notion de revenus, mais aussi des facteurs comme le taux d'endettement, l'importance du patrimoine, l'activité professionnelle ou le niveau de confiance dans l'avenir.

Depuis 1857 et la loi d'Engel, il est admis – et largement vérifié par les faits – que plus les revenus d'un ménage augmentent, plus la part relative consacrée aux dépenses d'alimentation et d'habillement se réduit. S'il est donc aisé de prédire la ventilation d'un budget limité, il est plus difficile d'inférer les arbitrages dans la gestion du surplus dégagé. À moins de disposer d'informations qualitatives sur les individus ou les ménages.

L'importance du patrimoine et le niveau de richesse sont des indicateurs plus délicats à cerner. On peut tout au plus les déduire à partir de variables qui lui sont corrélées comme le niveau de revenus ou l'âge. Pourtant, ces facteurs orientent fortement la consommation. On sait qu'une famille fortunée se tourne abondamment vers les voyages, les produits financiers et les services en général, mais peu vers les biens d'équipement (leur taux de possession est déjà élevé). Au contraire, une famille « moins riche » privilégie d'abord ce type de produits.

Si on aborde toutefois le problème au plan macro-économique, la relation entre richesse et consommation est moins systématique. Ainsi, bien que la masse totale de l'argent disponible en France soit actuellement considérable, il ne profite que très partiellement à la machine économique. Le sentiment d'inquiétude qui prévaut chez une majorité de Français les conduit à privilégier la réduction de l'endettement et la thésaurisation.

La notion de confiance est un paramètre essentiel pour inciter les individus à consommer. Un taux de chômage important comme celui que l'on connaît actuellement n'a pas seulement des répercussions sur ceux qui sont directement frappés dans leur pouvoir d'achat, il agit par contrecoup sur ceux qui craignent pour leur situation future. De même, des inquiétudes géopolitiques comme la résurgence du terrorisme ou des risques de tension ont souvent pour incidence une frilosité en matière de consommation.

Mais la question de l'activité professionnelle a également des répercussions moins conjoncturelles. La généralisation du travail féminin a, par exemple, contribué à tirer vers le haut le revenu des ménages, et a accéléré l'évolution de leur comportement d'achat alimentaire (surgelés, plats préparés...) et d'électroménager (micro-ondes, robots, lave-vaisselles...).

3. Les ressources temporelles

L'oisiveté liée au chômage et le manque de disponibilité pour cause d'excès de travail chez les autres ont largement contribué à faire de la variable temps une dimension essentielle dans l'étude du comportement du consommateur. Il y a en effet une corrélation négative forte entre les niveaux de revenus et de temps disponibles. Seuls les retraités dotés d'une pension confortable sont en mesure de jouir simultanément des deux.

Le temps disponible (Bergadaà, 1988 et 1989) peut être réparti en trois périodes auxquelles on donne habituellement les appellations suivantes : le temps rémunéré (le travail), le temps contraint (manger, dormir, se plier aux obligations sociales...), et le temps discrétionnaire (les loisirs). La première catégorie étant incompressible (sauf modification des dispositions légales comme fut le cas avec la loi sur les 35 heures), la seule façon pour bénéficier d'un peu plus de loisirs est de jouer sur le temps contraint, ce qui a des répercussions sur le choix des produits (fréquentation des *fast-foods*, appel aux livraisons à domicile, multiplication des appareils destinés à faciliter les tâches ménagères...), mais aussi sur le processus de consommation (fidélité à certains magasins, réduction de l'ensemble évoqué, rationalisation du circuit dans les hypermarchés...). Enfin, cela peut conduire à la simultanéité de certains actes comme manger devant la télévision ou écouter son baladeur dans les transports en commun.

La loi ramenant le temps de travail hebdomadaire à 35 heures et la multiplication des repos compensateurs ont également amené des modifications notables dans la consommation de loisirs. Les activités de bricolage, par exemple, ont connu un engouement fort depuis quelques années. De même, le budget vacances n'est plus réparti de la même façon : alors que celui-ci était dépensé auparavant en une ou deux fois dans l'année, il est désormais souvent éclaté entre plusieurs séjours de courte durée. Beaucoup de professionnels du tourisme, habitués à une activité très saisonnière, doivent aujourd'hui se réorganiser pour faire face à quelque chose de plus lissé, sans que cela ne s'accompagne toutefois d'une augmentation globale du budget familial annuel moyen (car les revenus n'ont pas évolué comme la disponibilité temporelle).

II La personnalité et le concept de soi

1. La personnalité

Comme les motivations, la personnalité est une variable dotée d'un statut particulier en comportement du consommateur. En effet, l'intérêt qui s'est porté sur elle au début des années cinquante constitue une forme de réaction au sacro-saint principe de rationalité qui dominait jusqu'alors avec la toute puissance de la théorie économique.

L'hypothèse de base des travaux sur la personnalité est l'existence présumée d'une relation entre les facteurs fondamentaux qui font la spécificité et l'unicité d'un individu et de ses réponses. Toutefois, l'hétérogénéité des approches qui se sont appropriées cette notion en a fait un concept pot-pourri. De fait, les résultats obtenus depuis quarante ans restent décevants et ont débouché sur peu d'applications intéressantes. Sans doute est-ce pour cela que ce champ a été un peu délaissé dans les années soixante à quatre-vingt.

Devant l'absence de consensus sur la définition précise de la personnalité, on gardera le plus petit commun dénominateur retenu par Kassarjian et Sheffet (1991), à savoir qu'il s'agit d'un ensemble d'éléments susceptibles de garantir des réponses stables et cohérentes chez un individu face à tous les stimuli de l'environnement. Il convient toutefois de savoir à quel niveau la personnalité peut assurer cette stabilité des réponses. C'est peut-être parce qu'on a voulu relier celle-ci à des comportements trop spécifiques, sans considérer les variables médiatrices, qu'a prévalu cette déception ultérieure.

On peut retenir au moins sept ou huit écoles qui se sont intéressées à la personnalité. Certaines sont toutefois marginales et on ne se préoccupera ici que des trois principales, en s'efforçant de montrer ce qu'a pu être l'apport respectif de chacune d'elles :

– *La théorie psychanalytique* issue des travaux originels de Freud, dont il a déjà été question ci-avant. Cette théorie, rappelons-le, postule que trois dimensions régissent l'individu : le *moi* (domaine du conscient et du raisonnement, assure l'interface avec l'environnement), le *surmoi* (les lois, les normes et valeurs qui conduisent aux interdits de la société) et le *ça* (l'inconscient, où figurent les pulsions et les besoins primaires). Suivant l'équilibre entre ces facteurs, l'individu est guidé par la recherche du plaisir et des satisfactions immédiates (domination du *ça*), une peur obsessionnelle d'enfreindre les règles établies (domination du *surmoi*) ou une volonté de s'afficher (domination du *moi*). La théorie psychanalytique nous dit d'autre part que tout individu se fixe plus précisément sur un des stades du développement sexuel (*oral*, *anal*, *phallique*), ce qui contribue à déterminer son comportement. Quelqu'un qui, petit, éprouvait du plaisir à se retenir de déféquer se définit par un besoin d'ordre, de propreté et de rigueur. Celui qui est resté au stade oral éprouve, quant à lui, une envie fréquente de mordiller, de sucer ou de manger (il tend à consommer plus de bonbons ou de cigarettes). Cela dit, la nécessité de faire appel à des techniques projectives très élaborées ne facilite pas l'émergence des résultats et surtout, ne permet pas d'apprécier leur niveau de validité.

– *La théorie psychosociale*, pour laquelle ce sont des facteurs sociaux et non biologiques qui guident les comportements. Pour elle, il existe une interdépendance entre l'individu et la société : celui-ci s'efforce d'intégrer les besoins de son écosystème et reçoit en échange une aide pour atteindre ses buts personnels. Le modèle le plus connu se rattachant à cette école est le modèle CAD (*Compliant-Agressive-Detached*) de Horney (1945), pour qui le comportement résulte de trois orientations principales : une tendance à la complaisance, où l'on dépend de l'amour et de l'affection des autres ; une tendance à l'agressivité, où l'on est guidé par un besoin de pouvoir et de contrôle des autres ; et une tendance au détachement, qui conduit à ignorer les autres et à rechercher l'autonomie. Ce modèle connaît des applications en publicité où l'on valorise souvent ces tendances : la complaisance, véhiculée entre autres par la chaleur familiale, l'agressivité (symbolisée par l'*executive woman)*, le détachement (« ne soyez pas comme tout le monde, faites... »).

– *La théorie des traits et des facteurs* est une approche plus quantitative que les deux autres. Elle voit la personnalité comme la résultante de caractéristiques parfaitement définies, les traits (sociabilité, indépendance, extrospection...). Certains sont généraux, d'autres spécifiques à une situation. Tous les traits sont présents chez tous les individus, mais avec des niveaux qui varient. Par le biais d'items, on peut donc mesurer le poids de chacun d'eux chez une personne donnée. L'objectif n'est plus de faire émerger les raisons inconscientes qui sous-tendent les comportements, mais de cerner des différences individuelles suffisamment stables pour mériter l'appellation de traits de personnalité.

En cherchant à relier des *inputs* avec des réponses, cette approche s'inscrit dans le courant behavioriste. Elle a connu un grand succès en marketing, où l'on a voulu établir des liens entre des combinaisons de traits et des comportements de consommation : choix des médias, réaction aux innovations, importance donnée aux attributs lors des prises de décision...

Beaucoup d'échelles ont été développées dans ce cadre, comme le *Gordon Personal Profile* (GPP) ou le *Thurstone Temperament Schedule* (TTS). Mais l'outil le plus connu reste *l'Edwards Personal Profile Scale* (EPPS) qui s'appuie sur quinze traits regroupés en trois groupes : l'Activité (ordre, accomplissement de soi, persévérance, changement, ascendance), l'Altruisme (déférence, bienveillance, extrospection, sociabilité, hétérosexualité) et l'Égocentrisme (individualisme, infériorité, dépendance, agressivité, exhibitionnisme).

C'est cet outil qu'avait utilisé Evans quand il avait voulu, sans succès, différencier les possesseurs de Ford et de Chevrolet. C'est aussi l'échelle retenue par Koponen (1960) auprès des 9 000 panélistes de l'agence J. Walter Thompson, où il avait montré que fumer était corrélé positivement avec le besoin de domination sexuelle, de reconnaissance masculine et d'agression, et corrélé négativement avec l'ordre et le besoin de confiance. D'autres travaux ont, quant à eux, porté sur la personnalité et le choix des magazines. Ces recherches se sont cependant presque toutes révélées insatisfaisantes en raison du peu de variance expliquée.

Depuis les travaux de Catell (1943), il faut noter un certain consensus autour de cinq super-facteurs (appelés communément les *big five*) :

- *L'extraversion* : la tendance à être expansif, sociable, à aimer discuter...
- *L'amabilité* : la personne est douce, coopérative, indulgente, a bon caractère...
- *Le caractère consciencieux* : être digne de confiance, scrupuleux, ordonné...
- *Le neurotisme* (ou stabilité émotionnelle) : la personne est équilibrée, optimiste, calme...
- *La culture* (ou intellect) : il s'agit de curiosité intellectuelle, d'imagination, d'ouvertures à de nouvelles expériences...

Enfin, on peut signaler que l'école cognitiviste a fait certaines tentatives de récupération du concept au début des années soixante-dix, mais cette fois encore, sans résultats probants.

2. La théorie du Concept de Soi

La théorie du concept de soi, dont les fondements peuvent êtres attribués à des psychologues motivationnistes comme Carl Rogers (1947) ou Abraham Maslow (1970), veut apporter des réponses aux questions que l'on se pose sur les liens qu'un individu cherche à créer entre l'image qu'il a d'un produit, et celle qu'il a de lui-même.

La plupart des objets que l'on possède, ou que l'on aimerait posséder, se définissent principalement au travers des connotations symboliques qu'ils véhiculent pour nous et pour les autres. Quelqu'un se caractérise autant par ce qu'il possède ou par les gens qu'il fréquente que par son physique ou ses dimensions psychologiques. On va donc chercher, au travers de la consommation, à rester cohérent avec l'image que l'on a de soi-même, ou plus exactement avec celle que l'on souhaite donner. À la base de la théorie figure en effet l'idée que le concept de soi peu être scindé en deux dimensions distinctes : le moi réel (l'estime de soi) et le moi idéal (l'aspiration). Au travers des objets que l'on exhibe, on tend à se rapprocher de l'une de ces deux images.

Bien que marqué par le sceau de la stabilité, le concept de soi n'est pas inné, mais le fruit d'un apprentissage. Il découle d'un processus interactif permanent avec l'environnement, lequel conduit l'individu à déterminer et à faire évoluer ce qu'il veut être. Sans doute, beaucoup de travaux qui espéraient faire émerger cette congruence entre image de soi et consommation (notamment sur le choix des marques) n'ont pas donné, à l'heure actuelle, des résultats très concluants. On peut toutefois penser que ce relatif échec doit d'abord être attribué à des difficultés méthodologiques et non à une absence de relation.

D'autant qu'on se heurte à des problèmes de nature perceptive, car au-delà des deux dimensions originelles, d'autres apparaissent en filigrane, beaucoup plus difficiles à cerner. Si l'on peut raisonnablement considérer qu'un individu a une idée précise de ce qu'il aimerait être, il en va autrement de ce qu'il est en réalité. Il n'est donc pas inutile d'opérer une nouvelle dissociation entre le moi réel et le moi perçu (comment on se voit). De même, il est fréquent que naisse un décalage entre ce que l'on croit véhiculer aux autres et ce que ceux-ci reçoivent effectivement, d'où la nécessité d'introduire une quatrième dimension, le moi projeté. Il arrive qu'on se trompe de codes ou qu'on les utilise mal (le costume d'un grand couturier, *a priori* signe d'élégance et de raffinement, peut être perçu comme une ostentation de mauvais goût si la griffe est trop apparente).

Si l'on surmonte ces obstacles, il semble pourtant que le concept de soi est une variable prometteuse. Elle peut jouer un rôle significatif comme révélateur des motivations (certains postulent qu'elle en est l'élément intégrateur), et compte tenu des relations qui les unissent, redonner un élan aux recherches sur la personnalité. Certains, comme Belk (1989), vont d'ailleurs très loin avec des théories intéressantes comme la notion de moi étendu (*extended self*) qui met en avant l'idée selon laquelle ce sont les produits que nous consommons qui contribuent à forger notre moi : nous sommes ce que nous possédons.

III L'implication

1. Le concept d'implication

À l'origine, l'implication est un concept issu de travaux menés en psychologie sociale. Il est d'ailleurs de tradition de considérer Sherif et Cantril (1947) comme en étant les pères, puisqu'ils en ont donné la première vraie définition: selon eux, on peut voir l'implication comme un état de tension qui naît chez l'individu à partir du lien entre ses valeurs fondamentales et une situation. La manière dont il réagit à un problème donné est donc la conséquence de son implication vis-à-vis de la situation, celle-ci découlant elle-même des valeurs mises en jeu, de l'importance qu'elles revêtent pour lui, et de la force de leur relation avec le contexte.

En marketing, ce sont les travaux de Krugman (1965) sur la publicité qui ont popularisé cette notion. Et, quoique le concept n'ait pas été alors clairement défini, chacun sentait confusément qu'on avait là une variable fortement explicative de la consommation. Elle doit permettre d'appréhender la nature et l'intensité des efforts qu'un consommateur est prêt à faire dans un contexte donné. De fait, dès les années soixante, le mot *implication* a été très usité par tous ceux qui s'intéressaient à la question, qu'ils soient issus des milieux professionnels ou académiques.

On ne pouvait rester indéfiniment dans le flou sur un sujet aussi important. C'est ce qui explique la quantité de travaux développés à partir des années quatre-vingt, et la littérature abondante qui en a découlé. De nombreuses définitions de l'implication ont été proposées en comportement du consommateur, mais il semble que certaines doivent être rejetées car elles accordent trop d'importance aux processus cognitifs (notamment à la perception). Elles s'éloignent de la conception originelle de Sherif et Cantril, et se rattachent plus à l'objet qu'au sujet. Plutôt que de parler d'individus impliqués, on utilise alors souvent, par abus de langage, le terme de *produits implicants.*

Parmi celles qui recueillent l'approbation de la communauté scientifique, on retiendra la définition de Rotschild, qui reste quant à elle conforme à la vision originelle :

« l'implication est un état non observable de motivation, d'excitation ou d'intérêt. Il est créé par des variables externes à l'individu (produit, situation, communication) et des variables internes (besoins individuels, valeurs, centres d'intérêt, expériences). »

Ce n'est pas le produit lui-même qui génére une forme d'implication chez un individu. C'est le sens personnel (ou l'importance) que celui-ci attribue aux caractéristiques de l'objet dans une situation donnée qui en est à l'origine.

Traditionnellement, l'implication est caractérisée par deux dimensions : l'intensité et la persistance. On parle d'une part d'implication forte ou faible, et d'autre part d'implication durable ou situationnelle. L'implication durable étant par définition un état stable, elle va découler directement de l'équilibre des valeurs, des centres d'intérêt et des expériences passées d'un individu. Dans l'implication situationnelle par contre, l'excitation n'est qu'un état transitoire d'origine essentiellement contextuelle.

Les propriétés de l'implication découlent de la confrontation entre les variables externes et internes, et conditionnent directement la nature de la réponse.

Dans la droite ligne des travaux de Krugman, une des premières conséquences de la dichotomie forte/faible implication a été l'hypothèse suivant laquelle la hiérarchie de consommation suivie devait varier d'un cas de figure à l'autre. Il est en effet traditionnellement reconnu que l'individu passe successivement par trois phases : une phase cognitive durant laquelle il apprend à connaître le produit, une phase affective où il génère un affect, et une phase conative concrétisée par l'action. Certains auteurs ont alors montré qu'en situation d'implication faible, les deux dernières étapes étaient inversées et que l'attitude ne s'y formait qu'après l'achat.

Tableau 2 – **Implication et attitudes d'achat (d'après M.L. Rotschild, 1987)**

	Implication élevée Actif	Implication faible Passif
Phase cognitive	• Le consommateur cherche l'information • Le consommateur traite l'information	• Le consommateur subit l'information (exposition involontaire) • Le consommateur collecte l'information sans la traiter
Phase affective	• Le consommateur cherche à maximiser sa satisfaction • La comparaison se fait sur un nombre élevé d'attributs • La personnalité et le style de vie du consommateur exercent une forte influence sur l'évaluation • Les groupes de référence exercent une forte influence sur l'évaluation	• Le consommateur se contente d'un niveau de satisfaction qu'il juge acceptable • La comparaison se fait sur un petit nombre d'attributs • La personnalité et le style de vie influencent peu l'évaluation • Les groupes de référence ont peu d'influence sur l'évaluation

Cette vision des choses n'a jamais été acceptée de manière universelle. En effet, si les résultats obtenus n'ont pas vraiment été remis en cause, certains chercheurs ont par contre contesté leur interprétation, arguant du fait qu'il n'existait qu'une seule hiérarchie. (Depuis, deux autres hiérarchies ont pourtant été proposées : la hiérarchie de la dissonance-attribution et celle de la réaction émotionnelle.) Ceux-ci ont mis en avant le fait que dans ce cas de figure, le premier achat du produit devait être considéré comme faisant partie intégrante de la recherche d'information préalable à l'évaluation. Selon eux, il est à considérer comme un élément de la phase cognitive.

C'est dans cette logique que se situe Rotschild quand il opère une distinction entre le consommateur actif fortement impliqué et le consommateur passif faiblement impliqué, de manière à faire ressortir les différences au sein des deux premières étapes de la hiérarchie (voir tableau 2).

Quelle que soit la richesse théorique du concept, il n'a cependant d'intérêt que si l'on peut en effectuer une mesure fiable. Certains auteurs ont préconisé d'appréhender l'implication à partir de ses conséquences (fidélité à la marque, temps passé à traiter l'information…).

On saisit vite les limites d'une telle approche, car l'hypothèse suivant laquelle ces réponses n'auraient qu'un seul antécédent est éminemment héroïque. Zaïchskowski (1985) a pour sa part validé une échelle composée de vingt items avec pour objectif de mesurer directement le concept, indépendamment du contexte. Outre le fait qu'elle semble privilégier l'orientation objet à l'orientation sujet, cette échelle (qui se voudrait unidimensionnelle) s'est finalement révélée structurellement peu claire. Pour sa part Strazzieri (1994) a validé une échelle de mesure de l'implication durable (donc excluant le risque perçu), souvent reprise dans les travaux français du fait de ses grandes qualités psychométriques et de sa relative simplicité (seulement six items).

2. Les profils d'implication

La notion de profil d'implication a pour la première fois été évoquée par deux chercheurs français, Laurent et Kapferer (1986). L'idée essentielle qui sous-tend leur démarche est que l'implication ne peut être mesurée en tant que telle compte tenu de son caractère non observable. La seule façon de l'appréhender est de considérer ses causes, pour dégager des types d'implication à partir des scores obtenus sur chaque composante. Ils ont ainsi fait ressortir cinq facteurs indépendants (même si la corrélation entre intérêt et plaisir reste conséquente) :

- le degré d'intérêt du consommateur pour le produit (*intérêt*) ;
- l'importance perçue des conséquences négatives en cas d'erreur de choix (*imporisque*) ;
- la probabilité subjective de faire une erreur de choix (*proberr*) ;
- la valeur de signe attribuée par le consommateur à la catégorie de produits (*signe*) ;
- la valeur de plaisir attribuée par le consommateur à la catégorie de produits (*plaisir*).

Dans ce système, l'intensité et la persistance ne sont plus que des conséquences des facettes les plus saillantes. Ainsi des dimensions plaisir et intérêt très présentes caractérisent une implication durable, alors qu'une forte probabilité d'erreur traduit plutôt une implication situationnelle. Quant au signe et à l'importance du risque, elles peuvent être à l'origine de l'une ou de l'autre.

À l'aide de leur échelle, Laurent et Kapferer ont pu déterminer dix profils d'implication spécifiques :

– *L'implication minimale* correspond au vécu le plus bas sur toutes les composantes (désintérêt pour le produit et absence de risque perçu). Le consommateur achète d'abord un produit et un prix ; il est très peu sensible aux marques.

– *La différenciation fonctionnelle* traduit la perception qu'une erreur de choix peut être assez grave. À niveaux de prix voisins, le consommateur est attentif aux performances respectives des marques.

– *Le risque dédramatisé* est un profil pour lequel plaisir, signe et intérêt sont faibles, mais pour lequel une erreur de choix aurait des conséquences fonctionnelles ou financières. Le consommateur ne juge pas les marques comme une garantie de qualité ; pour lui, l'essentiel est de choisir les bons produits à partir d'une évaluation des performances des attributs (le prix devant rester raisonnable).

– *Le petit plaisir* se caractérise par une forte valeur hédoniste dans la catégorie de produits, bien que l'intérêt soit faible. Le consommateur sait ce qu'il aime et ne craint pas de se tromper. C'est une configuration où des avantages promotionnels facilitent les achats non prémédités.

– *L'achat conformiste* est la conséquence d'une sur-valorisation de la signification sociale du choix et du risque lié à la décision, même si le produit n'intéresse pas l'individu, d'ailleurs peu compétent dans le domaine. C'est entre autre le consommateur qui n'achète pas de marque-enseigne de peur d'être perçu comme manquant de moyens financiers.

– *L'implication sans risque*, qui est la conséquence de niveaux élevés à la fois sur le signe, sur l'intérêt et sur le plaisir, mais où les deux composantes du risque perçu restent faibles. On a donc affaire à un consommateur qui se considère comme compétent, et qui sacrifiera le prix pour acquérir la marque considérée comme étant la meilleure.

– *L'implication fonctionnelle* est un schéma où les valeurs de signe et de plaisir sont modestes, mais où les trois autres facettes atteignent des niveaux élevés. Ce qui intéresse le consommateur, c'est de ne pas se tromper sur les performances du produit. Cela conduit généralement à une forte fidélité aux marques et à une méfiance vis-à-vis des produits nouveaux.

– *L'implication de plaisir* est une implication où seule la valeur de signe n'est pas fortement présente. Le consommateur recherche simultanément performance et plaisir. On est souvent dans le domaine du *hobby*. Il se montre insensible aux variations de prix, par contre, la marque est déterminante pour lui.

– *Le besoin de prise en charge* existe quand le consommateur ne perçoit pas de réelle différence entre les marques et méconnaît la classe de produits. C'est un profil fréquent lors d'achats de biens comme l'électroménager, où la signification sociale est faible mais les conséquences d'un mauvais choix sont graves. Il est donc peu sensible aux marques, mais très attentif aux conseils d'aide à la décision.

– *L'implication maximale*, enfin, traduit un niveau élevé sur les cinq facettes. Le consommateur recherche des marques lui permettant de se différencier et de véhiculer l'image qu'il veut donner de lui-même.

3. Implication et marketing

Le premier intérêt de ces réflexions pour les professionnels du marketing se situe au niveau de l'élaboration des campagnes publicitaires. Quand on souhaite s'adresser à des consommateurs en état de forte implication, il convient de privilégier des médias à rythme interne (l'individu maîtrise le moment et la durée du contact avec le message) comme la presse écrite, et d'opter pour un contenu informatif élevé. On utilise alors des messages argumentés pour lesquels la longueur n'est pas un handicap. Quand on cible au contraire des consommateurs peu impliqués, il faut mieux choisir des médias à rythme externe (télévision, radio…), un niveau d'information limité (*Unique Selling Proposition*), mais répéter fréquemment le message.

Certaines agences de communication ont voulu dépasser cette approche dichotomique. C'est le cas de FCB, qui à partir des travaux de Vaughn (1980) a conçu une matrice croisant le niveau d'implication avec son orientation principale (rationnelle ou émotionnelle), qui débouche sur quatre schémas :

- *les penseurs*, dont la logique est de type « *learn-like-do* », cherchent des informations spécifiques nécessitant des publicités informatives longues ;
- *les sensibles* déroulant les étapes « *feel-learn-do* » et donnant la primauté aux réponses émotionnelles ;
- *les acteurs*, dont la hiérarchie « *do-learn-feel* » met en avant la mémorisation au travers d'annonces courtes (presse) ;
- *les auto-satisfaits*, avec leur modèle « *do-feel-learn* » et dont on va chercher à attirer l'attention grâce aux affiches ou aux annonces presse.

Pour leur part, Petty et Cacioppo (1983) ont proposé un cadre intéressant pour expliquer les changements d'attitude liés à la publicité, cadre où l'implication joue un rôle moteur. Selon eux, un consommateur fortement impliqué suit plutôt un chemin central, c'est-à-dire qu'il s'intéresse d'abord aux éléments d'arguments du message. S'il y a modification attitudinale, cela signifie qu'il les a trouvés pertinents, et il y a alors de fortes chances pour que le changement soit durable et puisse être utilisé pour prédire l'intention de comportement. Par contre, un consommateur peu impliqué privilégie plutôt une route périphérique, et focalise l'essentiel de son attention sur les éléments d'exécution (images, tons, personnages, musique...) ; s'il y a cette fois changement d'attitude, elle sera sans doute temporaire et ne représentera pas un bon indicateur de la réponse. Ces différences liées à l'implication dans la forme et le niveau d'élaboration de la réponse cognitive ont été confirmées et précisées ultérieurement par de nombreux travaux.

Ces outils restent toutefois limités, car ils sont centrés sur les caractéristiques formelles du message. Ils ne donnent aucune indication sur l'argument clef qu'il convient de mettre en avant dans la campagne. Seule une approche plus fine de la relation consommateur-produit reposant sur une segmentation pertinente, mesurable et opératoire permet d'identifier le contenu à privilégier. On entrevoit là une application directe des profils d'implication.

Cette opportunité de segmentation qu'offrent les profils d'implication s'avère aussi très utile pour définir et positionner les produits. Ainsi une montre, que l'on présente souvent comme un bijou (ou au moins comme un accessoire que l'on exhibe), n'est pour certaines personnes qu'un outil utilitaire qui doit donner l'heure. Avec un même produit de base, il est donc possible de décliner toute une gamme liée aux formes d'implication des consommateurs.

Enfin, si l'on tient compte de l'implication comme facteur d'aide à la décision, ne peut-on pas aussi la considérer comme une variable sur laquelle on peut agir ? L'expérience montre que le chewing-gum et la lessive, qui génèrent normalement des processus de consommation simplifiés, peuvent être à l'origine d'une implication significative chez le consommateur si on rajoute des vitamines dans le premier cas pour en faire un produit-forme, et si on enlève les phosphates dans le second pour en faire un produit écologique. Accroître l'implication en agissant sur les valeurs de plaisir et d'intérêt peut aussi permettre de contrebalancer l'influence de facteurs situationnels comme l'humeur, la foule ou le manque perçu de temps.

IV Les styles de vie

1. Le concept de style de vie

Les premières références à la notion de style de vie sont assez anciennes et datent du début du siècle. Elles sont le fait de réflexions parallèles menées par des psychologues (Adler) et des sociologues (Weber), en réaction au paradigme freudien. Pour eux, le comportement humain n'est pas seulement le fruit des pulsions dans le *çà*, mais est aussi largement conditionné par les relations interpersonnelles.

Cette dualité disciplinaire est certainement à l'origine du flou qui l'entoure : certaines approches privilégient le groupe alors que d'autres se centrent sur l'individu. Pour pallier ces problèmes, on tend à parler de *mode de vie* dans le premier cas et à réserver celui de *style de vie* au second. Valette-Florence en propose la définition suivante :

> « Le style de vie d'un individu naît de l'interaction entre trois niveaux de proximité et d'ancrage chez lui : les valeurs et la personnalité (niveau

stable), les attitudes et activités qui lui sont propres (niveau intermédiaire), et les comportements (niveau périphérique éphémère); l'ensemble des gens ayant un style de vie semblable (des modes de comportement analogues sur chacun des niveaux) constitue un groupe homogène ayant un mode de vie identique (attachements collectifs, socialement différenciés, dénommés valeurs sociales). »

L'abondance des écrits sur le sujet depuis les années soixante-dix tient à la relation qui doit logiquement unir le style de vie d'un individu, son mode de consommation et l'agrégat de ses choix en matière d'achat. Il s'agit d'avoir une variable pouvant compléter avantageusement les facteurs socio-démographiques, voire de s'y substituer.

2. Les différentes approches des styles de vie

De nombreuses techniques ont été conçues pour appréhender les styles de vie. Bien que la plupart soit américaine, il existe une tradition française dans ce domaine.

L'approche par les valeurs (voir définition de la valeur, et la dichotomie valeurs instrumentales/terminales dans la première section du Chapitre 1) est due à Rokeach, Kahle et Yankelovitch, qui ont validé des outils comme le *Rokeach Value Survey*, ou comme le *Yankelovitch Monitor*. Malgré des résultats intéressants outre-Atlantique, peu d'applications ont été conduites en France (même si la COFREMCA entend originellement se rattacher aux travaux de Yankelovitch).

L'approche par les AIO (Activités-Intérêts-Opinions) vise à comprendre ce que font les individus (travail, vacances, sorties, passions...), leurs préoccupations (famille, maison, *media*, mode...), et ce qu'ils pensent (sur eux, la politique, la culture, l'avenir...). On ambitionne une vision complète des données individuelles, mais son corollaire est la lourdeur des outils, qui comptent plusieurs centaines d'items (*j'aime bien prendre des risques, je vais régulièrement à l'église, la bière est une vraie boisson d'hommes, les hommes sont supérieurs aux femmes, j'aime passer une soirée tranquille à la maison...*).

L'approche VALS (*Value and Life Style Segmentation*) a été développée par le *Stanford Research Institute.* Technique très utilisée aux

États-Unis, elle a permis de ventiler la société américaine en neuf styles de vie articulés autour de trois valeurs fondamentales (contrainte du besoin, orientation vers l'extérieur, orientation vers soi).

Les approches françaises enfin, émanent avant tout de trois organismes, le CREDOC, la COFREMCA et surtout le CCA. Cette dernière est la plus connue en raison notamment des appellations ésotériques utilisées pour dénommer les groupes (les « surfeurs », les « rockies »...). Pour cet organisme, les Français se scindent en *mentalités sociostructurelles* (en quelque sorte, des sous-cultures), subdivisées à leur tour en *sociostyles* (de 10 à 15 suivant les époques). Ces derniers se rattachent à une considération plus concrète des modes de vie, des faits et gestes quotidiens, des jugements d'actualité, de consommation, de choix sociaux.

(Pour une analyse critique des styles de vie, voir Valette-Florence (1986).

3. Styles de vie et marketing

Très à la mode dans les années 80, les styles de vie ont servi de pilier à de nombreux axes de réflexion stratégiques et opérationnels en marketing.

Un des premiers domaines explorés a été la segmentation. Si certaines études semblent avoir donné des résultats satisfaisants (Crédit Agricole, Galeries Lafayette, Carrefour), beaucoup ont été des impasses. Sans compter qu'une fois les segments identifiés, une autre difficulté survient : détecter les individus qui les composent.

Les tentatives pour faire reposer un positionnement sur les styles de vie ont été quant à elles de francs échecs, car en adoptant cette démarche on occulte le bénéfice perçu que le produit peut apporter au consommateur. Ainsi, si *Astra-Calvé* a connu un succès avec ses deux marques de beurre allégé Saint-Florigny (la tradition) et Effi (la minceur), la troisième (vive la vie) a été plus problématique, et seule sa déclinaison autour de produits allégés variés (Emmental, vinaigrette...) a permis d'assurer un temps sa rentabilité.

À condition de se recentrer sur un bénéfice motivant, les styles de vie peuvent par contre aider à révéler de nouveaux concepts ou à décliner sur des axes innovants des idées existantes. Des succès comme les salades de troisième génération (praticité), les aliments santé (ex. les alicaments) ou les crèmes glacées Häagen-Dazs (onctuosité) en témoignent.

Il en va de même pour la création publicitaire, où la priorité donnée à une activité, la mise en scène d'un certain type de relations familiales, où la mise en avant d'une opinion, contribue à crédibiliser un message. Hollywood Chewing-gum, Contrex ou Renault, chacun dans son créneau, jouent très largement sur cette dimension.

Mais c'est dans la phase de sélection des *media* et des supports que les styles de vie ont donné les résultats les plus intéressants. En effet, le thème et le ton des magazines lus, le niveau de fréquentation des cinémas, ou le type d'émissions télévisées préféré, sont fortement corrélés avec ce à quoi nous croyons, ce que nous pensons et ce que nous faisons. Le lecteur du *Chasseur Français* ne ressemble pas à celui du *Nouvel Économiste* ou de *Gala*, même s'il existe forcément des duplications d'audience.

V Les styles cognitifs

La notion de style cognitif (Pinson, Malhotra et Jain, 1988) repose sur un double postulat : les individus diffèrent dans leur manière de rechercher et de traiter l'information d'une part, ces différences traduisent des états permanents d'autre part. Sous cette appellation générique, on trouve cependant deux dimensions distinctes : la complexité et l'accommodation.

La première fait directement référence à la complexité des structures cognitives. Elle est la résultante de trois composantes qui sont la différenciation (combien de dimensions l'individu utilise-t-il pour appréhender l'information ?), la discrimination (combien de catégories conceptuelles différentes peut-il évaluer au sein de chaque dimension pour caractériser son environnement ?), et l'intégration (quelle est sa capacité d'abstraction, c'est-à-dire quel niveau de complexité y a-t-il dans les inter-relations qu'il établit entre les éléments constitutifs d'un domaine de connaissance ?). Il ne semble pas toutefois qu'un individu bénéficiant d'une complexité cognitive élevée l'utilise de manière systématique. Il tend à être sélectif et réagit à la nécessité requise. Cela dépend en fait des facteurs situationnels ou émotionnels qui viennent se greffer, ou de son niveau de compétence perçu dans le domaine.

La seconde s'intéresse quant à elle à la manière dont un individu utilise ses structures pour sélectionner et traiter les stimuli. Des travaux ont montré que l'accommodation agissait par exemple sur les connaissances en matière d'innovation, ou bien sur la fidélité vis-à-vis d'un point de vente.

Enfin, il convient de noter les résultats d'une étude menée par C. Pinson, qui a révélé l'existence d'une relation entre les styles cognitifs et les styles de vie. Selon cette recherche, un niveau de complexité et une certaine forme d'accommodation ne seraient pas sans effet sur les activités, les intérêts ou les opinions privilégiés par un individu, et sur les comportements qui en découlent.

CHAPITRE 4

Les variables d'environnement et le consommateur

I Cultures et sous-cultures

1. Culture et consommation

À l'heure où, pour parodier Mac Luhan, le monde est devenu un village, et où le marché des entreprises ne se réduit plus à un univers local ni même national, on ne peut plus ignorer la composante culturelle dans l'analyse du comportement du consommateur. D'un quartier du village à l'autre, la réaction des individus face à un même signal peut varier dans des proportions considérables. Pour avoir oublié ce principe simpliste, beaucoup d'actions marketing ont connu – presque bêtement pourrait-on dire – un échec cuisant.

C'est le cas du leader américain sur le marché des balles de golf, qui pour accroître sa position au Japon, y avait commercialisé son produit par boites de quatre sur la base des indicateurs marketing rationnels dont il disposait (distribution, taux de ré-achat...). Il avait simplement oublié que dans ce pays le chiffre 4 est un symbole de malheur et de mort. C'est aussi le cas de Lego qui, toujours au Japon, a voulu reprendre un couplage emballages-cadeaux promotionnels qui avait connu un vif succès aux États-Unis. Le produit fut délaissé car la promotion y fut perçue comme coûteuse, inutile, et peu attrayante.

Heureusement, les exemples où l'entreprise a su intégrer ces paramètres avec discernement l'emportent en nombre. Ainsi Esso s'est toujours abstenu d'utiliser sa campagne « Mettez un tigre dans votre moteur ! » en Thaïlande, car l'image de cet animal n'y correspond pas à l'idée de puissance et d'agressivité véhiculée dans la publicité.

De même, Palmolive n'a jamais insisté en Italie sur sa teneur en huile d'olive, car ce produit y est réservé à un usage culinaire.

Même des pays géographiquement très proches, dont les histoires s'entremêlent depuis 1500 ans, diffèrent par bien des points. Le couple franco-allemand en est une illustration. Les Allemands sont ainsi beaucoup plus attachés aux normes et à la sécurité, et se méfient davantage des nouveautés. De même, leur sensibilité écologique est beaucoup plus ancienne (ils sont avides de conseils sur la protection de l'environnement et ont supprimé les sacs en plastique des supermarchés bien avant les Français ; ...). Le rigorisme protestant donne également plus de poids à certaines valeurs éthiques (on garantit aux investisseurs particuliers que leur argent ne finance pas des entreprises d'armement, ou non respectueuses de l'environnement, ou commerçant avec des pays en marge des droits de l'homme). La notion de famille et de ménage, enfin, est plus étroite, ce qui influe entre autres sur la taille des packagings (les yaourts vendus à l'unité y sont monnaie courante).

Citons la mise sur le marché allemand d'un fromage des Pyrénées dont la boîte représentait un berger au milieu de ses moutons. Alors qu'en France cette image symbolisait la nature et l'authenticité, un test effectué outre-Rhin après un premier échec a montré que le berger y évoquait plutôt la saleté. Son remplacement par un paysage de montagne a permis de relancer le produit avec succès. On peut également mentionner les constructeurs automobiles, dont les ventes ont progressé en Allemagne dès qu'ils y ont remplacé la sellerie souple qui équipe traditionnellement leurs véhicules par des sièges plus durs.

Au sein même d'une nation d'ailleurs, les traditions culturelles varient énormément. Dans le sud de la France la cuisine se fait à l'huile, alors que le nord préfère le beurre ; les Bretons consomment énormément de beurre salé, alors que le doux domine largement ailleurs.

On le constate au vu des quelques exemples rapportés ci-avant, la culture est une notion extrêmement complexe à définir. Aussi, plutôt que de choisir une définition parmi les cent soixante-cinq qui ont été recensées par Kroeber et Kluckholn (1952), nous préférons retenir l'option qui consiste à reconstituer le concept à partir des dimensions qui sont aujourd'hui universellement reconnues.

Le premier point à souligner est que la culture est le fruit de plusieurs niveaux d'intégration. Au centre on trouve les valeurs, dont Rokeach donne la définition suivante :

« Une valeur est une croyance durable qu'un mode spécifique de comportement ou but de l'existence est personnellement ou socialement préférable à un autre mode de comportement ou but de l'existence opposé ou convergent. »

Tableau 3 – **Valeurs terminales et instrumentales (d'après Rokeach, 1973)**

Valeurs terminales	Valeurs instrumentales
Vivre dans un monde en paix	L'ambition
Avoir une vie aisée	Le courage
Connaître le bonheur	La maîtrise de soi
Être libre et indépendant	Le rationalisme
Vivre dans un monde de beauté	La gaieté
Gagner le salut de son âme	L'honnêteté
Avoir un statut social reconnu	La tendresse
Avoir une vie active et passionnante	L'intelligence et la réflexion
Être en paix avec soi-même	La largesse d'esprit
Atteindre la sagesse	La propreté
Tendre vers l'accomplissement	L'imagination
Protéger sa famille	L'obéissance
Atteindre la plénitude amoureuse	La compétence
Connaître la vraie amitié	La politesse
Tendre vers l'égalité des hommes	La serviabilité
Tendre vers l'estime de soi	La responsabilité
Assurer la sécurité de son pays	L'indulgence
Mener une vie faite de plaisirs	L'autonomie

Rokeach (1973) a ainsi identifié trente-six valeurs dominantes dans la société américaine (voir tableau 3), dix-huit valeurs terminales (les buts finaux que l'individu se fixe dans l'existence) et dix-huit valeurs instrumentales (les lignes d'action qu'il se donne pour atteindre ses buts), à partir desquelles il a validé un outil de mesure : le *Rokeach Value Survey*. Un autre psychosociologue, Yankelovitch (1974), a pour sa part fait ressortir trente et une valeurs très proches des valeurs terminales de Rokeach.

Les valeurs sont à l'origine des lois, des règles, des conventions et des coutumes qui régissent les groupes et les relations entre les individus qui les composent. Celles-ci garantissent la cohésion qui permet la survie de la société.

Enfin, les conséquences visibles de ces normes sont les comportements. Il s'agit ici des réactions face aux stimuli marketing ou du choix des catégories de biens, lié entre autres à la façon de se nourrir (produits traditionnels dans les pays latins, pasteurisés en Europe du Nord), de s'habiller (permissivité plus ou moins grande pour la femme de dévoiler certains charmes) ou encore de concevoir les déplacements urbains (poids de la bicyclette ou des transports en commun lié à la sensibilité écologique).

Le second point notable réside dans le fait que la culture exclut toute idée d'innéité. Les valeurs et les normes qui régissent nos comportements sont le fruit d'un apprentissage inter-générationnel. La culture pouvant être vue comme la résultante des efforts qui sont faits par une société en vue de maîtriser son environnement, il importe que chaque génération transmette à la suivante (par la famille, l'école, les différentes institutions) ce qui a été bâti par les précédentes, afin qu'elle se l'approprie et puisse le renforcer. De fait, on tolérera chez les individus des petits manquements aux règles, mais pas des comportements qui violent celles-ci.

Le processus de socialisation démarre dans les premières phases de la vie du nourrisson, ce qui en fait un apprentissage qui est acquis sous des conditions de renforcement très fortes. Il sera donc difficile par la suite d'amener un individu à accepter des valeurs différentes de celles qui lui auront été transmises à l'origine. Même s'il est en mesure de comprendre d'autres valeurs et d'accepter que d'autres hommes s'y réfèrent, lui continuera à agir sur les bases de son conditionnement initial.

Enfin, le troisième point qu'il faut mentionner est le caractère évolutif de la culture. Compte tenu de ses liens étroits avec les facteurs de l'environnement, les changements constatés au sein de ceux-ci nécessitent un processus permanent de régulation. Parfois d'ailleurs, la rapidité d'apparition des nouveaux paramètres bouscule les valeurs culturelles et perturbe l'harmonie de cette accommodation. C'est ce que l'on observe à l'heure actuelle avec les progrès de la bioéthique.

2. Les sous-cultures

La société de masse tend à se faire remplacer par une série de sous-cultures différenciées. On va en fait aux antipodes de la société standardisée et homogène qui était censée produire des consommateurs de masse, des travailleurs de masse, et des *mass media*.

On peut définir la sous-culture comme un groupe social identifiable en tant que segment différencié dans une société plus large et plus complexe. Ses membres possèdent des spécificités culturelles distinctes des autres personnes de la société, mais ils adhèrent toutefois à ses valeurs fondamentales et respectent les règles correspondantes.

On peut ainsi décomposer le cadre culturel d'une société à partir de deux dimensions :

- les valeurs, normes et comportements qui sont partagés par l'ensemble de la population qui la compose ;
- les valeurs, normes et comportements qui servent à délimiter l'appartenance à une sous-culture spécifique en son sein.

Les critères d'identification des sous-cultures sont multiples, mais les principaux restent la nationalité, la religion, la localisation géographique, ou la génération. À ces indicateurs traditionnels viennent toutefois s'en rajouter de nouveaux, plus tragiques, comme le degré d'exclusion. On parle ainsi de plus en plus de la culture des chômeurs ou de la culture des Sans Domicile Fixe.

Un des risques majeurs lié au renforcement de cette notion de sous-culture réside dans la sécession. En effet, lorsqu'un groupe ne se reconnaît plus dans les valeurs centrales de la société à laquelle il appartient, il tend à les rejeter pour ne plus se référer exclusivement qu'à ce qu'il considère comme sa propre identité. C'est un des dangers qui guette aujourd'hui les États-Unis avec la culture « *black* », et surtout hispanique (beaucoup refusent l'intégration et n'apprennent même pas la langue de leur pays d'accueil).

Cette émergence de sous-cultures peut cependant être aussi un signe d'espoir, en ce sens qu'elle contribue parfois à réduire les antagonismes traditionnels. C'est ce que l'on observe avec la culture « jeune ». Quel que soit le point du globe considéré, les jeunes écoutent la même musique, s'habillent de la même façon, fréquentent les mêmes *fast-foods*, et boivent du Coca-Cola ou du Pepsi-Cola. De même, sur le vieux continent, cette classe d'âge se reconnaît souvent plus dans l'identité européenne que dans les spécificités de sa nation d'origine.

3. Culture et marketing

Les exemples cités au début de cette partie traduisent bien le poids des variables culturelles sur les conséquences des actions marketing. Celui-ci tend d'ailleurs à s'accroître encore aujourd'hui dans la mesure où les entreprises multinationales, pour des raisons d'économie d'échelle, veulent aller toujours plus loin dans la globalisation. Elles cherchent le délicat point d'équilibre entre une offre indifférenciée et une autre totalement différenciée, le célèbre « *Think global, act local*! ».

Même si Levitt (1983) avance certains arguments qui militent en faveur d'une standardisation très poussée de l'offre (homogénéisation des besoins mondiaux, préférence universelle pour des produits combinant prix bas et qualité acceptable…), force est de reconnaître que beaucoup de freins culturels (langue, symbolique des signes, des couleurs et des objets, gestuelle, coutumes…) limitent, à tous les niveaux de la réflexion marketing, l'adoption systématique de cette démarche. On va ainsi chercher, pour des économies d'échelle, à aller le plus loin possible dans la standardisation, mais il y aura toujours des différences (même très minimes : un goût un peu plus sucré ici ou un peu plus épicé là) qui nécessiteront un minimum d'adaptation.

EXEMPLE

MC Donald's, archétype du concept global adapte son offre de menus selon les pays (bière en France mais pas aux États-Unis, pas de porc dans les pays musulmans, pas de bœuf en Inde…).

Cela influe sur bien des aspects de la politique de produit : le positionnement (Monopoly est devenu Ecolopoly en Allemagne ; Maggi, simple aromate d'accompagnement en France, est une des bases de la cuisine dans de nombreux pays d'Afrique), le conditionnement (la soupe en brique n'arrive pas à s'implanter en Grande-Bretagne), la marque, l'esthétique... Cela rejaillit aussi sur la politique de prix (attitude face au crédit, tradition du marchandage, relations entre niveau de prix et qualité perçue...). La distribution ne peut pas non plus être en reste (concentration des enseignes, habitudes de fréquentation des petits commerces, tradition du vrac...). La communication, surtout, est en première ligne, car c'est à travers elle que s'expriment le mieux les spécificités (choix des médias, ton didactique ou elliptique, style d'humour, appel ou non à la peur, degré d'érotisme...).

EXEMPLE

En Italie, Alfa Romeo a mis l'accent sur l'amélioration de la performance, alors qu'en France la marque a plutôt joué la carte de la proximité et de l'identification avec le consommateur. De même, selon les pays, Évian met en avant l'image française (Afrique du Sud), sa minéralité (Hong Kong), ses bienfaits pour le sport (États-Unis) ou un positionnement très orienté vers le bien-être des bébés (France).

II Les groupes

1. La typologie des groupes

Dans ce chapitre, on englobera sous l'appellation de *groupe* tout ensemble de personnes susceptibles d'avoir une action sur les attitudes et sur les comportements d'un individu. Pour caractériser la multiplicité des formes que ceux-ci peuvent revêtir, on a l'habitude de retenir plusieurs axes.

La première dimension concerne l'intimité des liens entre les personnes de la communauté. On oppose ainsi les groupes primaires, qui désignent le premier cercle des intimes (famille et amis), aux groupes secondaires, qui sont les organisations sociales auxquelles l'individu appartient (entreprise, club sportif, parti politique...). Les premiers sont généralement de petite taille, et le caractère tout à fait particulier des relations inter-personnelles entre les membres leur confère un poids très fort dans la formation des croyances et des attitudes. Pour cette raison, ils représentent une cible privilégiée en marketing, bien qu'ils soient difficiles à identifier hors des familles.

Le deuxième critère de classification que l'on utilise généralement tient à la nature des règles et des normes qui y régissent les comportements. On a d'un côté des groupes formels, où tout est en principe transparent et parfois consigné par écrit (entreprises, partis politiques, groupes religieux...), et de l'autre des groupes informels, où les codes sont souvent aussi forts, mais où ils sont d'abord l'émanation de la volonté commune et donc difficilement perceptibles pour quelqu'un qui n'en fait pas partie (clubs d'affaires, groupes d'amis...).

Le troisième axe distingue pour sa part les groupes d'appartenance des groupes de référence; par définition, les uns représentent ceux dont on est membre effectif, ce qui n'est bien sûr pas le cas des autres. Ces derniers ont toutefois une grande influence car les valeurs, les normes et les comportements qui les caractérisent sont des éléments pivots, soit qu'on désire se les approprier (aspiration), soit qu'au contraire on les rejette de manière volontariste (répulsion). On peut d'ailleurs opérer une autre différenciation dans cette catégorie suivant qu'un individu peut espérer rejoindre le groupe à plus ou moins brève échéance (groupe d'anticipation) ou pas (groupe d'aspiration symbolique). D'un côté on a l'étudiant qui adopte les codes du milieu professionnel où il évoluera d'ici à deux ou trois ans, et de l'autre le gosse qui va imiter Paul Pogba ou Antoine Griezmann et s'habiller comme eux, bien qu'il n'ait quasiment aucune chance d'être un jour une star du football.

Il existe, enfin, une quatrième opposition, qui différencie les socio-groupes des psycho-groupes. La constitution des premiers vise avant tout la réalisation d'un objectif commun (des consommateurs lésés qui s'unissent pour faire prévaloir leurs droits), alors que la réunion des seconds est une fin en soi (l'important est de partager une émotion quel qu'en soit le prétexte). En jouant la convivialité comme base de positionnement, beaucoup de produits (pâtes, bières, services à raclettes, produits apéritifs...) exploitent ce registre du psycho-groupe dans leur communication.

2. Le pouvoir des groupes

L'idée selon laquelle les individus agissent en tenant compte des groupes dont ils se sentent proches n'est pas neuve. Déjà à la fin du XIXe siècle, Veblen (1899) avançait l'idée suivant laquelle un individu pouvait avoir d'autres motivations pour choisir un produit que des vues strictement utilitaires. Selon lui, chaque produit consommé véhicule un message à notre entourage. La sélection d'une option donnée lors de la décision finale n'est donc pas un acte socialement neutre. Cette notion de valeur-signe des biens a depuis lors été relayée et approfondie par de nombreux penseurs, dont les moindres ne sont certainement pas Jean Baudrillard (1970 et 1972) et Abraham Moles (1972).

Tout produit, toute marque, est un moyen de manifester son appartenance à un groupe. Par ce biais, l'individu cherche à rehausser son image aux yeux des membres, ou à être associé à des personnes qui y sont admirées. Le groupe sert ainsi à relayer l'information. C'est le lieu où s'élaborent à la fois la transformation, la restructuration et la redéfinition des multiples stimuli perçus. Son rôle n'est pas seulement de filtrer les données, il doit les retranscrire dans un langage compréhensible par tous, et valoriser les éléments en harmonie avec la culture commune pour donner à cette dernière un sens dans le contexte global.

Dans une recherche célèbre, Bearden et Etzel (1982) ont montré que l'influence du groupe jouait fortement sur le choix des produits perçus comme des articles de luxe, alors qu'elle restait marginale pour ceux considérés comme nécessaires. De la même manière, leur étude a fait ressortir que le poids des groupes sur les marques était élevé quand les articles correspondants étaient consommés en public, alors qu'il était faible pour ceux dont l'utilisation restait privée.

On peut en fait définir trois formes d'influence principales que le groupe va exercer sur l'individu.

En premier lieu, il dispose d'un pouvoir normatif. Il fait pression sur chacun des membres afin que ceux-ci se conforment précisément aux règles édictées par la collectivité. Tout manquement risque d'être sanctionné par une éviction, alors que leur respect est au contraire valorisé et gratifié. Les individus s'efforcent de maximiser leur profit dans leur interaction avec le groupe, et pour ce faire recherchent un équilibre satisfaisant entre la pression perçue exercée par celui-ci et le niveau de soumission qu'ils sont prêts à accepter. On retrouve la norme subjective introduite par Fishbein et Ajzen dans leur modèle de l'action raisonnée.

Le degré de conformité aux autres peut même aller très loin, comme en témoigne l'expérience de Asch (1951). Dans cette recherche, chaque personne de l'échantillon était intégrée à un groupe, composé de complices de l'expérimentateur (lesquels devaient tous donner la même fausse réponse). La tâche demandée consistait à comparer une ligne avec trois autres de longueurs différentes, de manière à indiquer celle qui lui était identique. Dès qu'ils étaient face à au moins trois personnes, la plupart des participants ont préféré suivre la réponse commune (même si elle semblait absurde) plutôt que de donner celle qu'ils jugeaient exacte.

Quand la pression se fait toutefois trop forte, l'effet obtenu peut être inverse de celui désiré et conduire à une réaction d'anticonformisme. C'est ce que l'on observe chez les jeunes avec des phénomènes comme la mode *punk* ou le mouvement *grunge* dont la devise peut se résumer ainsi : « Je porte n'importe quoi, je m'en fiche, et j'en suis fier ! »

Il semble que dans les sociétés occidentales on aille aujourd'hui vers une diminution de l'influence normative des groupes formels au profit des groupes informels. Cela tient à une montée du sentiment individuel et à la difficulté qu'ont beaucoup de gens à se reconnaître dans les structures établies.

Ce pouvoir normatif joue un rôle important chez les enfants et surtout chez les adolescents, pour qui les pairs sont une réalité incontournable. On le voit avec la polémique qui n'a cessé d'enfler quant à la présence visible des marques dans l'enceinte de l'école. C'est également le cas pour les ménages lors d'achats de biens ostentatoires comme l'ameublement, l'automobile ou les vêtements. De la même façon, la communication publicitaire peut valoriser telle ou telle norme sociale en s'appuyant sur l'apprentissage vicariant. Elle culpabilise ainsi les consommateurs qui ne s'y conforment pas et oriente leurs choix.

Le deuxième type d'influence qu'un groupe peut avoir s'apparente à un pouvoir de référence au sens strict du terme, c'est-à-dire qu'il constitue un modèle auquel l'individu va chercher à s'identifier. C'est le mécanisme observé avec les groupes d'aspiration, qu'ils soient symboliques ou d'anticipation. C'est aussi ce qui prévaut lorsque, dans une publicité, quelqu'un auquel on s'assimile réalise un acte que l'on perçoit comme étant valorisant ou socialement désirable (les acteurs, chanteurs ou sportifs sont alors souvent choisis comme vecteurs de communication).

Le troisième pouvoir des groupes relève de l'expertise. Certains individus ont une compétence reconnue dans un domaine spécifique qui leur confère une véritable influence. Quand Cyril Lignac parle de cuisine ou Sébastien Lœb d'automobile, on accorde du crédit à leur discours, quelle que soit l'attitude que l'on a par ailleurs à leur encontre. De même, les conseils des experts financiers sur les placements sont souvent déterminants dans les choix d'investissement faits par les particuliers. On observe un phénomène analogue dans la relation commerciale, si le prospect a le sentiment que le vendeur maîtrise son sujet.

3. Les leaders d'opinion

Le leader d'opinion, bien qu'il ne constitue pas un groupe au sens strict du terme, peut toutefois être considéré comme en étant un cas particulier. En effet, les mécanismes inter-personnels qui agissent dans la communication qu'il a avec ceux qui se reconnaissent en lui sont très similaires par bien des aspects.

Un leader peut être quelqu'un de célèbre, mais ce peut être « Monsieur Tout-le-monde » pour peu qu'il soit jugé comme sympathique et compétent dans un domaine précis, qualités auxquelles doit s'ajouter un désintéressement perçu. Ainsi les conseils d'un collègue de travail vont peser lourd dans notre choix final si l'on désire acheter un micro-ordinateur et qu'on le sait passionné d'informatique. Rares sont toutefois les individus qui ont le pouvoir d'être des leaders d'opinion dans un grand nombre de domaines.

Différentes raisons peuvent conduire un consommateur à être sensible à l'influence d'un tel vecteur :

- un manque d'informations lors du choix, parce que le produit est complexe ou parce qu'il ne s'estime pas suffisamment compétent ;
- le sentiment que les autres sources manquent de crédibilité ;
- un accès plus facile à la personne influente qu'aux autres sources ;
- la nature des liens sociaux entretenus avec le leader ;
- le besoin d'une approbation sociale ;
- la volonté de réduire une dissonance post-achat.

La première véritable analyse qui fut menée sur cette influence interpersonnelle concerne la communication à deux niveaux formalisée par Katz et Lazarsfeld (1955). Dans cette optique, on va limiter l'effort de communication à quelques personnes jugées très influentes (même si la cible visée est beaucoup plus large), à charge pour elles de retranscrire l'information auprès des autres individus. Ainsi, la seule façon de faire de la publicité pour un livre sur les chaînes de télévision française consistait jusqu'il y a peu à le promouvoir auprès de journalistes et d'animateurs, de manière à ce que ceux-ci servent de relais et en parlent dans leurs émissions. De même, pour une entreprise, sélectionner des vendeurs qui ont un profil proche de celui des leaders d'opinion perçus par la clientèle permet d'améliorer leurs performances.

Aujourd'hui, ce schéma est partiellement remis en cause, car on s'est rendu compte que le consommateur était rarement à l'abri total d'autres niveaux de communication, notamment des médias. Sa réponse finale est donc souvent le fruit combiné d'informations impersonnelles et interpersonnelles.

Enfin, il existe certaines influences qui peuvent fonctionner sans que l'organisation concernée en ait véritablement le contrôle, avec des conséquences plus ou moins heureuses. On a ainsi vu certains films, sortis confidentiellement, devenir de véritables phénomènes de société, uniquement grâce à un bouche-à-oreille favorable. Au contraire, des rumeurs contrées trop tard peuvent être à l'origine de croyances fortes chez les consommateurs, croyances qu'il sera très difficile de combattre ensuite (lames de rasoir dans les petits pots pour bébés, éléments cancérigènes dans des produits de grande marque, signes sataniques dans certains logos… *cf.* Brodin et Roux, 1990).

Aujourd'hui on fait de plus en plus référence au *buzz* (« bourdonnement » d'insecte en anglais) qui consiste, comme le nom l'indique, à faire du bruit autour d'un événement, un nouveau produit ou une offre. Assimilée au marketing viral, cette pratique en diffère cependant par la volonté de garder le contrôle du contenu. Le *buzz* n'utilise pas *a priori* de média spécifique mais occupe tous les canaux de communication pour faire parler d'un objet. C'est une publicité qui passe par le consommateur dont elle fait un vecteur du message ; toutefois, il s'agit d'abord quand même d'une réflexion autour d'une campagne privilégiant le web et consistant à répandre ou à faire parler d'un produit/service en intégrant l'internaute dans ces phases. Si le *buzz* est bien fait, l'information sera diffusée au plus grand nombre de personne avec comme point de départ le web.

Le schéma de diffusion reste le bouche à oreille. C'est pourquoi le *buzz* s'inscrit dans une stratégie qui vise à utiliser des modes de diffusion novateurs. Initialement à budget modeste, le lancement d'un *buzz* demande de plus en plus de créations (sites événementiels, design élaboré, vidéos...) et d'interactions (multicanal, passerelles web/mobiles) ; cela en fait aujourd'hui une action marketing coûteuse en temps homme et/ou en budgets.

Enfin, signalons que le *buzz* repose sur la surprise puisque les moyens utilisés doivent être sans cesse renouvelés pour faire sensation et donc faire parler. le média devient parfois l'objet de la communication et non plus simplement son moyen.

III La famille

La famille est d'abord une catégorie particulière de groupe, sous cet angle, on peut la définir comme primaire et informelle. Dans cette partie, nous la verrons pourtant différemment en ne la considérant pas comme une source d'influence mais comme une unité de décision à part entière. Nous retiendrons alors un périmètre restreint de la famille, à savoir la cellule nucléaire (conjoints, enfants biologiques ou non).

Même si ce type de familles est en déclin en raison de la montée en puissance des familles monoparentales et/ou recomposées – voire des familles homoparentales, il reste le modèle dominant. Intégrer l'ensemble des acteurs concernés au-delà du noyau familial multiplie les sources d'influence réciproque et rend très difficile leur lisibilité au-delà de quelques principes généraux. De plus, comme l'indiquent les développements sur le cycle de vie familial, cela impacte également la vision dynamique que l'on peut en avoir.

1. La structure des rôles au sein de la famille

Si l'on considère la famille comme étant l'unité décisionnelle, il convient d'identifier la répartition des rôles dans le processus de consommation ainsi que l'existence d'éventuelles positions dominantes. Ce souci d'analyse et de compréhension apparaît d'autant plus légitime qu'une part importante, voire majoritaire, des décisions d'achat se fait dans le cadre familial. Les approches ethnographiques peuvent, en partie, pallier les déficits des modes de collecte déclaratifs. Elles permettent en effet de capter la réalité des échanges et des interactions. C'est ainsi qu'Ayadi (2009) a pu mieux comprendre les phénomènes de transmission respectifs du répertoire alimentaire entre parents et enfants.

La taille réduite de la communauté, l'intimité très forte entre ses membres, et l'utilisation de ressources communes, vont conditionner les modes de fonctionnement. La satisfaction des besoins individuels y est directement subordonnée au respect des attentes des autres. La régulation peut se faire soit en définissant des critères d'évaluation identiques pour tous, soit en aménageant une répartition des rôles qui assure une distribution stable et satisfaisante du pouvoir de chacun.

Depuis les travaux du sociologue Wolfe, on a l'habitude de considérer deux dimensions pour catégoriser les familles :

– l'influence relative d'un des époux sur l'autre ;

– le degré de spécialisation des époux (opérationnalisé par le pourcentage de décisions prises en commun).

En croisant ces dimensions on obtient quatre types de décisions familiales : les décisions « mari dominant », les décisions « femme dominante », les décisions autonomes (chacun est prépondérant dans les secteurs constituant son domaine réservé), et les décisions syncrétiques (elles sont prises en commun et de manière égalitaire).

Les recherches ont montré qu'au sein d'un couple les situations n'étaient pas durablement figées. Ainsi, au début du cycle de vie familial, le modèle le plus fréquent est souvent de type syncrétique. Mais quand le couple avance en âge, il tend à être remplacé, soit par un schéma autonome, soit par la domination de l'un des conjoints.

Une des études majeures qui a utilisé cet outil dans le domaine de la consommation est celle de Davis et Rigaux-Bricmont (voir figure 4-1), lesquels se sont efforcés de situer les principales décisions familiales au sein des quatre catégories. Sans doute doit-on être prudent en regardant aujourd'hui ces résultats en France, car ils peuvent être obsolètes (ils ont près de trente ans), et traduire des spécificités culturelles (la recherche a été conduite au Canada).

L'étude de Davis et Rigaux-Bricmont ne s'est d'ailleurs pas contentée d'étudier la décision finale. Elle a aussi montré que pour une même catégorie de produits, le poids de chaque époux pouvait varier d'une phase du processus de consommation à l'autre. Ainsi, pour l'automobile, c'est le mari qui procède à la recherche d'information, mais sur le lieu de vente, le choix est souvent pris conjointement. Pour les cosmétiques, le mari intervient lors de la reconnaissance du besoin et de la décision d'achat, mais très peu dans le processus évaluatif. Pour la résidence principale, l'homme se préoccupe surtout d'informations sur le financement alors que la femme s'intéresse au style de la maison et au voisinage...

Au-delà des facteurs à dominante culturelle, on est en droit de se demander ce qui explique l'influence relative de chaque partenaire dans un couple. On a pu apporter sur ce point quelques éléments de réponse très partiels, mais pas de théorie globale. On sait ainsi qu'une femme qui travaille a plus de pouvoir que celle qui reste au foyer, que si son activité a des fondements carriéristes, les rôles sont souvent autonomes, mais que si les bases sont économiques, ils sont plutôt syncrétiques. De même, les travaux ont montré que c'est

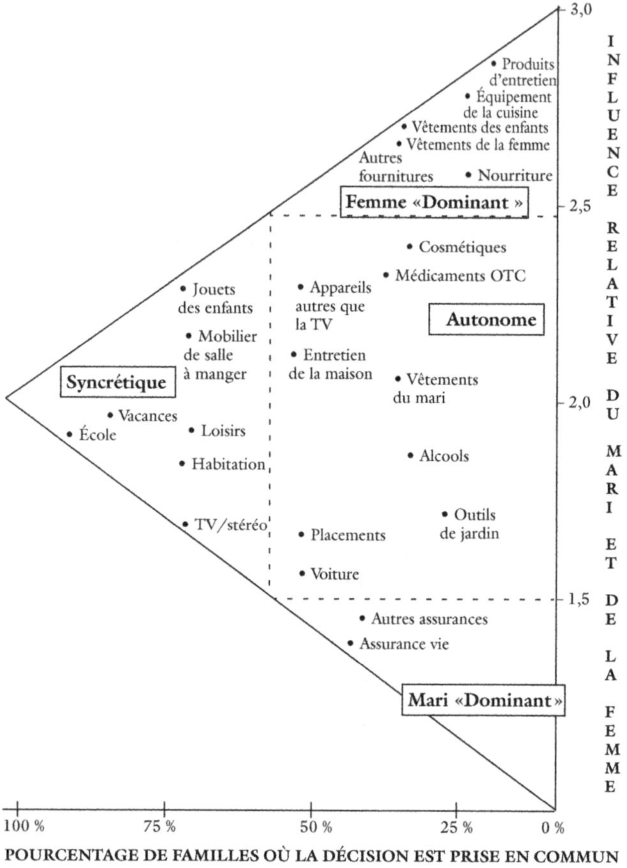

Figure 4-1 – **Rôles maritaux dans les décisions de consommation (d'après Davis et Rigaux-Bricmont, 1977)**

dans les classes moyennes que la conscience égalitaire était la plus forte au plan décisionnel. Toutefois, les tentatives d'explications plus générales restent insatisfaisantes, qu'il s'agisse de celle de Blood et Wolfe (1960), pour qui le degré de pouvoir dépend directement des ressources apportées (au plan monétaire, culturel...), ou de celle de

Heer (1965) qui a proposé la théorie du partenaire le moins intéressé. Selon ce dernier, on est en position d'autant plus favorable pour imposer ses vues que l'on a peu à craindre de la séparation du couple (c'est la perception de la dépendance plus que sa réalité qui conditionne pour lui la position de chacun).

Enfin, il convient de noter les difficultés auxquelles on se heurte dans les études sur les processus familiaux. Certaines ont trait au fonctionnement même des familles qui peut varier énormément d'un domaine à l'autre (or les activités concernées sont très nombreuses). D'autres sont le fait du cadre social privé qui est en jeu, et qui peut amener des réticences si l'on désire y mener des observations ou poser des questions s'y rapportant. D'autres, enfin, relèvent de biais inhérents aux répondants. Quand on interroge les deux époux, on constate souvent des différences d'évaluation parce qu'au moins l'un des deux minimise son rôle par modestie ou le surévalue par vanité. De même, on constate fréquemment une sur-représentation du caractère syncrétique avoué des décisions qui sont jugées socialement plus valorisantes face à un tiers.

2. Les stratégies d'influence

Les travaux de Davis (1976) et de Spiro (1983) ont permis de recenser et de formaliser les multiples stratégies qu'un des partenaires peut utiliser pour chercher à persuader l'autre. Certaines ont une orientation durable et visent à faire évoluer définitivement les attitudes et les comportements. D'autres sont au contraire ponctuelles et doivent être réitérées à chaque nouvel acte de consommation.

Parmi les stratégies durables, on peut retenir :

– *l'acculturation* : il s'agit de faire apprendre, soit de manière autoritaire, soit sous forme de conseils et de recommandations, certaines règles de fonctionnement au sein de la famille ;

– *la persuasion par la comparaison*, qui est une application de l'apprentissage vicariant ;

– *la persuasion par la légitimité* : se voir confier une mission dans un domaine donné y confère un pouvoir légitime.

Parmi les stratégies ponctuelles, certaines revêtent un statut affectif, d'autres cognitif, d'autres, enfin, sont d'essence comportementale.

Dans la première catégorie figurent les influences affectives pures, qui peuvent être directes (on va attendrir l'autre en signifiant qu'un accord est un gage d'affection) ou indirectes (un homme qui cajole sa femme avant son anniversaire afin qu'elle ne puisse lui refuser le cadeau désiré). On y trouve également les processus de culpabilisation (faire sentir qu'un refus serait une décision injuste, que l'on serait dévalorisé parmi les autres, montrer que même si nos choix ne sont pas les meilleurs et peuvent conduire à des erreurs, leurs conséquences ont souvent des vertus pédagogiques, ou enfin, prendre un tiers à témoin pour mettre l'autre en situation de gêne ou d'infériorité).

Les stratégies cognitives tournent quant à elles autour de trois axes essentiels : développer une argumentation objective sur les performances du produit, mettre l'autre en situation de dissonance (faire valider notre choix par quelqu'un qui a pour lui un niveau de crédibilité élevé), ou encore minimiser le risque perçu (mettre en avant le prix bas, montrer que le produit pourra servir à toute la famille, insister sur le caractère socialement valorisant de celui-ci...).

Les stratégies comportementales, enfin, s'apparentent fréquemment à des actions guerrières. On y trouve la guérilla (harceler l'autre jusqu'à ce qu'il cède), le repli stratégique (donner le sentiment d'abandonner tout en faisant des allusions régulières afin de montrer la pérennité de l'envie), ou la coalition (s'allier avec un autre membre de la famille). On y intègre également le pouvoir de l'acheteur, qui peut décider de prendre un autre produit que celui commandé en prétextant qu'il n'était plus disponible au point de vente.

3. Le cycle de vie familial

Le concept de cycle de vie familial représente une variable intéressante pour l'étude des processus de décision au sein des ménages. En effet, ceux-ci passent par des stades relativement bien définis, qui se caractérisent par des modes de consommation particuliers et des centres d'intérêt dominants. Cette variable s'est donc souvent révélée pertinente dans une optique de segmentation. On retiendra notamment les étapes suivantes :

– *Les jeunes célibataires*: ils ont peu de charges financières et sont souvent des leaders en matière de mode. Leurs achats portent principalement sur l'équipement et l'ameublement de base, l'automobile, et tout ce qui a trait aux loisirs et aux vacances.

– *Les jeunes couples sans enfant*: leur situation financière est généralement bonne dans la mesure où les deux conjoints travaillent. On note encore un poids très fort de postes comme les loisirs, l'électroménager, ou l'automobile dans la structure budgétaire, mais les achats de biens durables progressent.

– *Les jeunes couples avec enfants de moins de six ans*: cette période se caractérise par une augmentation des charges et par une diminution des ressources (il n'est pas rare que la femme interrompe son activité professionnelle). Les achats d'équipement se stabilisent, voire régressent. L'endettement est important en cas d'achat de la résidence principale.

– *Les couples avec enfants de plus de six ans*: la situation financière s'améliore quand l'épouse reprend son activité professionnelle. On assiste alors à de nouveaux achats d'ameublement, et quand c'est possible, à l'acquisition de la résidence secondaire ou du bateau. Il faut noter que l'influence de la publicité est beaucoup plus faible qu'à d'autres périodes du cycle.

– *Les couples avec grands enfants*: c'est le prolongement de la situation précédente. On doit néanmoins supporter le coût important des études des enfants, ce qui peut conduire à des arbitrages défavorables pour certaines dépenses de loisir.

– *Les couples actifs sans enfant*: la situation financière est excellente car on atteint le sommet de sa carrière professionnelle. Les grands investissements sont terminés et les charges sont minimes. Le niveau d'épargne est élevé. On se détourne des nouveautés pour se reporter sur des dépenses d'amélioration ou des articles haut de gamme.

– *Les couples retraités sans enfant*: la situation financière reste élevée, même si les revenus peuvent baisser par rapport au stade précédent.

Le temps libre disponible permet de se tourner à nouveau vers les loisirs et les voyages. C'est l'époque des cadeaux et des réceptions.

– *Les personnes survivantes*: on assiste souvent à une forte diminution des revenus. Parallèlement, le poste des dépenses de santé et de bien-être tend à croître de manière conséquente.

Bien que reflétant toujours l'image de nombreuses familles, on peut se demander si l'éclatement des structures traditionnelles ne rend pas ce schéma caduc par excès de normativité. Beaucoup d'éléments contribuent à remettre en cause un modèle linéaire universel : des mariages plus tardifs, une banalisation de l'union libre, une augmentation des divorces (une union sur trois en France, une sur deux à Paris) et des ménages monopersonnels. Parler de cycle familial nécessite aujourd'hui de considérer des relations plus complexes.

Même des situations apparemment identiques traduisent des inégalités. Ainsi, la consommation de celui qui n'a jamais été marié diffère de celui qui se retrouve divorcé. De même, les hommes souffrent économiquement moins d'un divorce que les femmes, sans compter qu'ils se remarient en général plus rapidement et en plus grand nombre.

4. Les enfants et la consommation

Les enfants représentent aujourd'hui une force économique considérable qu'on estime à 100 milliards d'euros environ, dont 2,5 milliards sont directement dépensés par eux. Leur puissance a commencé à poindre dans les années soixante et n'a cessé de s'amplifier depuis (Brée, 1993, 2012). Elle est à la fois le fruit d'une augmentation du pouvoir d'achat des ménages et de bouleversements sociologiques qui ont tous eu pour conséquence une valorisation continue de la place et du rôle des enfants.

L'influence combinée des médias et des facteurs sociaux (famille, pairs), et la multiplication des expériences (fréquentation des points de vente, contacts permanents avec les publicités, gestion de sommes de plus en plus importantes, achats directs) contribuent à générer chez les enfants des croyances et des savoir-faire en matière de consommation qui en font de véritables acteurs dans ce domaine.

Au plan familial, on distingue trois formes principales de demandes exercées par les enfants :

- les demandes directes à la maison ;
- les demandes directes au point de vente : en général elles sont moins efficaces qu'à la maison (surtout lors de l'attente aux caisses), car les parents ont le sentiment d'être mis devant le fait accompli ;
- les demandes passives : la mère achète ce qui leur plaît et ce qu'ils consomment d'ordinaire, même s'ils n'émettent pas de souhait formel.

L'influence de l'enfant dépend toutefois de plusieurs paramètres :

– *les produits considérés*: son poids est très fort sur les articles le concernant directement (alimentaire, jouets, textile), mais quasiment nul sur des décisions comme le mobilier, les assurances ou le choix du médecin. Pour certains biens familiaux par contre (automobile, loisirs…), il est souvent consulté et son avis est pris en compte. On peut enfin noter que les enfants sont déterminants pour la diffusion de beaucoup d'innovations (lecteurs de DVD, internet, produits verts…) ;

– *son âge* : avec l'entrée dans l'adolescence, son domaine de prescription tend à couvrir la quasi-totalité des produits familiaux. Seuls les produits personnels des parents en sont exclus (encore que la fille ait sur ce plan une influence réelle sur sa mère) ;

– *les phases du processus de consommation* : c'est lors de la reconnaissance du problème et de la recherche d'information que le poids de l'enfant est optimal. Il tend par contre à décroître lors de la décision ;

– *les schémas familiaux*: cette variable est aujourd'hui reconnue comme primordiale pour expliquer les orientations dans la socialisation du jeune consommateur et la place qui lui est accordée lors des choix collectifs. Les avis des enfants seront d'autant mieux considérés que la mère a une attitude favorable envers la télévision, qu'elle se préoccupe des questions économiques et financières, et que les modèles généraux de communication au sein de la famille favorisent la discussion.

IV Les classes sociales

Bien que la classe sociale soit une dimension essentielle pour les sociologues, cette section sera brève. En effet, ce concept a perdu beaucoup de son pouvoir explicatif sur la consommation individuelle. Si on excepte la pratique de sports élitistes ou le choix de biens très symboliques comme certaines voitures, le mobilier, ou les cartes de crédit, on ne peut plus vraiment parler de consommation de classe.

Le fait qu'un même individu suive de plus en plus des règles de décision différentes suivant les types de situations (Dubois (1994) parle de consommateur-caméléon), et le développement de nouveaux cadres normatifs liés au renforcement des sous-cultures (voir ci-avant), ont grandement contribué à l'affaiblissement de cette réalité.

On a beaucoup dit que les classes sociales les plus basses cherchaient à imiter le comportement des plus élevées. Cette théorie, dite du *goutte à goutte*, est aujourd'hui dépassée dans les pays développés, et l'on reconnaît que les phénomènes d'influence sont aussi bien horizontaux que verticaux. On vise à se comporter comme quelqu'un dont on se sent proche ou que l'on admire, quel qu'il puisse être.

Il peut toutefois se faire, dans une optique de segmentation ou dans le cadre de la politique de communication (lors du choix des médias et des supports), que l'on ait parfois besoin de faire appel à cette notion. Le processus de décision familial peut aussi être un domaine d'étude où cette notion présente un intérêt. Il semble en effet que ce soit dans les classes moyennes que la conscience égalitaire soit la plus marquée.

Selon le sociologue Weber, la notion de classe sociale se réfère à des groupes d'individus dont les similarités de comportement reposent sur leur pouvoir d'achat et sur leur poids économique dans la société. Il fait une différence avec les groupes de statut qui représentent la première formalisation de ce qui deviendra les styles de vie.

Derrière le concept de classe sociale figure en filigrane la notion de hiérarchie et de stratification, organisation que l'on retrouve dans presque toutes les sociétés, que le passage d'un niveau à l'autre soit impossible (comme dans le système des castes indiennes), ou bien qu'il soit l'une des valeurs centrales qui guide les actions individuelles (comme aux États-Unis). Au sein de cette hiérarchie, il est fondamental que les classes soient clairement délimitées et ordonnées. Il faut aussi qu'elles soient exhaustives et mutuellement exclusives (chaque individu doit pouvoir être intégré dans la classification, mais ne doit appartenir qu'à une seule strate).

En se référant aux travaux de Gilbert et Kahl (1982), Engel, Blackwell et Miniard (1995) retiennent neuf variables essentielles pour déterminer une classe sociale :

- *trois critères économiques* : la profession, le revenu, et la richesse ;
- *trois variables d'interaction* : l'association (le plaisir de faire des choses ensemble), la socialisation (l'appropriation des valeurs et des savoir-faire du groupe), et la reconnaissance par les autres ;
- *trois dimensions politiques* : le pouvoir (la capacité d'imposer sa volonté aux autres), la conscience de classe (le sentiment plus ou moins fort d'appartenir à une communauté dont les intérêts politiques et économiques sont proches), et la mobilité (le niveau d'inertie qui va rendre possible ou non le passage d'une classe à l'autre).

On trouve différents outils pour mesurer les classes sociales. Notons pourtant que la plupart ont été surtout validés au sein de la société américaine et ne sont donc pas forcément transposables tels quels en France :

– Le plus connu et le plus communément utilisé, en raison sans doute de sa simplicité, est la classification en quatre groupes codifiés respectivement par les lettres A, B, C et D. Elle croise deux critères qui sont le nombre de personnes dans le ménage, et le niveau des revenus mensuels. Se contenter toutefois d'assimiler la classe sociale à un problème de revenus conduit à une vision restrictive, voire biaisée des choses.

– L'indice de Hollingshead, qui ne considère lui aussi que deux facteurs : la profession et le niveau d'instruction, et qui débouche sur cinq niveaux.

– L'indice de Warner, qui s'appuie sur les quatre éléments suivants par ordre de pondération décroissante : la profession, les sources de revenus, la qualité du logement, et la zone résidentielle. Sur cette base, il calcule un indice synthétique qui lui permet de ranger les individus dans six classes depuis « supérieure-supérieure » jusqu'à « inférieure-inférieure ».

– L'indice de Coleman qui est assez proche de celui de Warner dans son principe de calcul, si ce n'est qu'il intègre une dimension supplémentaire, à savoir le niveau d'éducation des deux conjoints.

V Les facteurs situationnels

On a longtemps voulu faire reposer les processus décisionnels du consommateur sur des attentes absolues le conduisant à toujours privilégier les mêmes composantes dans le panier d'attributs qui symbolise l'offre produit. Les gens ont toutefois des difficultés à répondre à des questions trop générales (« qu'aimez-vous boire ? »), car leurs préférences peuvent varier radicalement selon le moment de la journée, le temps, ou ceux qui leur tiennent compagnie. De même, la perception d'une prestation de service dépend fortement de l'humeur du bénéficiaire, l'intention d'achat d'une glace est directement corrélée avec le temps qu'il fait et on ne choisit pas le même restaurant quand on a une demi-heure pour déjeuner et quand on dispose de deux heures... Il faut donc affiner l'analyse avec des variables qui soient indépendantes du consommateur ou de l'objet : les facteurs situationnels.

1. Définition

Relativement marginalisées jusqu'au milieu des années soixante-dix, ces variables ont été formalisées par Belk (1975), qui en donne la définition suivante :

> « Tous les facteurs particuliers au temps et à l'espace d'observation qui ne sont pas dus à la connaissance personnelle (intra-individuelle) ou à la réaction face à un stimulus, et qui ont un effet démontrable et systématique sur un comportement courant. »

Sur cette base, Belk retient cinq dimensions pour définir une situation :

1. *L'environnement physique* se réfère aux caractéristiques apparentes de la situation: son, éclairage, température, parfums, disponibilité du produit...
2. *L'environnement social*: absence ou présence d'autres personnes, caractéristiques de celles-ci, rôle joué (vendeur ou ami), volonté d'assumer un relais d'information, degré de confiance en elles...
3. *La perspective temporelle*: elle peut être définie de façon relative (période de la journée, saison, temps écoulé depuis le dernier repas ou depuis le dernier achat...). Elle peut aussi être mesurée à partir d'indicateurs cardinaux (jours, heures, minutes).
4. *La définition des rôles*: recherche d'information ou achat proprement dit, achat pour soi ou pour les autres...
5. *Les états antérieurs propres à l'individu*: humeur, état d'anxiété, degré d'éveil, faim, fatigue, santé... Ces états doivent être clairement dissociés de ceux, plus durables, qui induisent une réponse spécifique à une situation, et *a fortiori* des traits stables comme la personnalité. (Bien que faisant l'objet de critiques, cette dimension nous paraît devoir être maintenue au même titre que les quatre autres. En effet, elle correspond tout à fait à la notion de facteurs situationnels, telle que la définit Belk de manière objective.)

Cependant, cette définition proposée par Belk se réfère uniquement aux dimensions objectives de la situation et n'intègre que des éléments descriptifs. Elle nie l'interprétation qui en est faite par l'individu au travers de la perception et du traitement de l'information. Elle relève en fait d'une logique essentiellement behavioriste.

Il est pourtant clair que le poids d'une situation dépend plus de ce qui est ressenti que de sa réalité brute. De fait, les dimensions stables qui forgent l'individualité du consommateur (style cognitif, personnalité, phobies...) déterminent ce qu'il va s'approprier et la façon dont cette réaction va s'opérer. Tel consommateur est ainsi prêt à se battre pour bénéficier d'une promotion qui est limitée dans le temps, alors que tel autre, stressé par la foule, va préférer attendre la fin de l'opération et payer son produit plus cher (même s'il est par ailleurs sensible au prix).

Certains ont donc préconisé de substituer la notion de situation psychologique à celle de situation objective pour mieux coller à la réalité. Aussi intéressante que soit cette approche au plan théorique, elle n'a pourtant pas donné lieu à de véritables applications jusqu'à présent. En effet, dès qu'on se situe dans ce cadre, il devient très ardu d'élargir la mesure au-delà du niveau individuel et de travailler sur un segment de consommateurs.

Malgré les réserves émises, les travaux de Belk restent ainsi la principale référence si l'on désire intégrer ces facteurs dans l'étude des processus de consommation. Il est toutefois heureusement possible, en canalisant l'attention et la perception, de réduire partiellement l'écart entre la situation objective et celle qui est vécue par chacun.

2. Situations et marketing

En comportement du consommateur, il est utile de considérer l'impact potentiel de ces facteurs situationnels dans trois domaines principaux : la situation de communication, la situation d'achat et la situation d'usage.

– *La situation de communication* correspond au contexte dans lequel se fait la réception du signal, qu'il s'agisse de communication interpersonnelle (discussion avec un ami ou un vendeur) ou impersonnelle (stimuli véhiculés par les médias). Une annonce diffusée dans un cinéma est réceptionnée plus clairement que devant la télévision ; un spot inséré dans un écran de trois publicités est davantage valorisé que s'il est au milieu de quinze ; la position en fin, en début, ou en milieu d'écran n'est pas neutre ; un panneau placé le long d'une route n'a pas le même impact qu'un autre situé face à un feu rouge… Le fait d'être avec quelqu'un peut également agir sur l'acceptation ou le rejet d'un message.

– *La situation d'achat* a trait aux facteurs présents au point de vente du produit ou du service. Elle concerne l'information (quantité, disponibilité, organisation, forme), l'atmosphère et l'ambiance (Rieunier, 2006) (mobilier, agencement, couleurs, musique, odeurs, comportement des vendeurs, phénomènes de foule…), et les problèmes temporels (temps disponible, caractère d'urgence ou non de l'achat...).

– *La situation d'usage*, enfin, se rapporte aux conditions d'utilisation du produit (qui se confond en partie avec la situation d'achat pour certains services : dîner au restaurant, cinéma...). Dans la mesure où il conditionne directement les attentes des consommateurs et les attributs privilégiés pour l'évaluation, ces situations servent souvent de support aux dimensions stratégiques de la réflexion marketing : segmentation (un restaurateur peut distinguer le touriste du client qui fréquente son établissement pour un repas d'affaire), ou positionnement (un même biscuit devient un produit différent suivant que l'on en fait un aliment du petit-déjeuner, un coupe-faim, un dessert, ou un goûter pour les enfants).

Une explication en termes situationnels constitue un enrichissement réel pour la compréhension du processus de consommation. Il ne faut toutefois pas tomber dans l'excès qui consisterait à vouloir tout expliquer par la situation. En effet, en minorant à l'extrême le poids des variables stables et en abandonnant toute normalisation, on perd complètement la vision prédictive qui justifie l'intérêt de l'analyse. Plusieurs bémols doivent ainsi être introduits :

– La nature et la force des relations consommateur/produit peuvent réduire l'impact absolu de la situation : fidélité à la marque, usages spécifiques ou diversifiés du produit...

– Tout le monde n'est pas aussi sensible aux éléments de l'environnement et à l'impact de certaines situations. Il faut donc considérer les spécificités individuelles (implication, personnalité...) qui, en tant que variables modératrices, peuvent expliquer ces différences.

Conclusion

On le constate au vu des développements qui ont structuré ce livre, que les variables qui agissent sur le comportement du consommateur sont extrêmement nombreuses. Une des principales difficultés qu'il convient d'intégrer lorsque l'on conduit des analyses dans ce domaine réside dans le fait que toutes ces variables ne sont pas indépendantes ; aussi convient-il d'être très vigilant dans la manière dont on va prendre en compte toutes les interactions.

Deux données nous paraissent devoir être soulignées parmi tous les facteurs qui contribuent aujourd'hui à rendre encore plus délicate l'étude du comportement du consommateur, c'est-à-dire l'analyse des influences croisées entre ces divers éléments :

– Le caractère de plus en plus intangible des bénéfices attendus par les consommateurs, d'abord, qui conduit à une dématérialisation grandissante de l'offre. Au début du siècle, l'achat de produits se tournait pour l'essentiel vers des biens génériques dont seule la fonction importait. La multiplication des marques a ensuite conduit à une différenciation sur des critères qui commençaient à intégrer une part de propriétés symboliques associées aux univers véhiculés par celles-ci. Petit à petit, on est entré dans l'univers des services, où les prestations entourant le bien physique ont pris le pas sur celui-ci et se sont mises à jouer un rôle prépondérant dans la formation des préférences et dans les arbitrages en matière de choix. Aujourd'hui, le consommateur tend à rechercher de plus en plus ce qui est susceptible de lui faire vivre une expérience et de lui procurer des émotions. Même des produits de consommation courante, pour susciter l'attention, doivent travailler énormément sur la forme et sur la couleur du packaging ou sur la diffusion discrètes d'odeurs : « ce n'est pas parce qu'un produit est utile qu'il doit être laid ».

– Le rôle croissant, ensuite, des produits dans la structuration et dans l'expression de l'identité des individus. En développant la théorie du moi étendu (« nous sommes ce que nous possédons »), Belk (1989) avait parfaitement compris que la consommation cessait d'être ce processus de destruction décrit par les économistes. Elle est devenue un acte de création par lequel les individus se construisent en assumant différents rôles selon les contextes concernés et selon les environnements sociaux dans lesquels ils se trouvent, rôles qui nécessitent la présence d'accessoires pour acquérir une forme de crédibilité.

Bibliographie

AJZEN I., « From Intentions to Actions : a Theory of Planned Behavior », in *Action-Control : from Commitment to Behavior*, J. Kuhl et J. Beckmann (éds.), Heidelberg, Springer, 1985.

AMINE A., *Le Comportement du consommateur face aux variables d'action marketing*, Éditions Management et Société, 1999.

AROULD E.J. et THOMPSON C.J., « Consumer Culture Theory (CCT) : Twenty years of Research », *Journal of Consumer Research*, 31 (march), 868-882, 2005.

ASCH S.E., *Effects of Group Pressure on the Modification and Distortion of Judgements, in Groups, Leaderships, and Men*, H. Guetzkow (éd.), Carnegie Press, 1951.

AURIFEILLE J.M., « La segmentation par les chaînes moyens-fins : méthodologie et validité prédictive », *Actes du 9e congrès de l'Association Française du Marketing*, 363-394, Marseille, 1993.

AYADI K., *L'apprentissage du goût chez les enfants et la transmission des préférences gustatives aux parents*, Thèse de doctorat, Université de Caen, 2009.

BANDURA A., *Social Learning Theory*, Englewood Cliffs, NJ : Prentice-Hall (traduction française parue en 1980 chez l'éditeur belge P. Mardaga), 1977.

BAUDRILLARD J., *La Société de consommation*, Paris, Denoël, 1970.

BAUDRILLARD J., *Pour une critique de l'économie politique du signe*, Paris, Gallimard, 1972.

BAUER R., « Consumer Behavior as Risk Taking », *Dynamic Marketing for a Changing World*, R.S. Hancock (éd.), AMA, 389-398, 1960.

BEARDEN W.O. et ETZEL M.J., « Reference Group Influence on Product and Brand Purchase Decisions », *Journal of Consumer Research*, 9, 183-194, 1982.

BELK R.W., « Situational Variables and Consumer Behavior », *Journal of Consumer Research*, 2, 157-164, 1975.

BELK R.W., « Extended Self and Extended Paradigm Perspective », *Journal of Consumer Research*, 15, 129-132, 1989.

BÉNAVENT C., *Plateformes*, FYP Éditions, 2016

BERGADAÀ M., « Le temps et le comportement de l'individu » (1e et 2e parties), *Recherche et Applications en Marketing*, 3-4, 57-72 et 4-1, 37-55, 1988 et 1989.

BLOOD R.O. et Wolfe D.M., *Husbands and Wives*, New-York, The Free Press, 1960.

BOTSMAN, R. & ROGERS, R., Beyond Zipcar : Collaborative Consumption, *Harvard Business Review*, 88, October, 30, 2010.

BOTSMAN, R. & Rogers, R., *What's Mine is Yours : The Rise of Collaborative Consumption*, New-York, Harper & Collins, 2011.

BRÉE J., *Les Enfants, la consommation et le marketing*, Paris, Presses Universitaires de France, 1993.

BRÉE J. (éd.), *Kids marketing*, EMS, 2e édition, 2012.

BRODIN O. et ROUX E., « Les recherches sur les rumeurs : courants, méthodes, enjeux managériaux », *Recherche et Applications en Marketing*, 5-4, 45-70, 1990.

CATELL R.B., « The Description of Personality : Basic Traits Revolved into Clusters », *Journal of Abnormal and Social Psychology*, 38, 476-506, 1943.

DARPY D. et GUILLARD V., *Comportements du consommateur*, Paris, Dunod, 4e édition, 2016.

DAVIS H.L., « Decision Making Within the Household », *Journal of Consumer Research*, 2, 241-257, 1976.

DAVIS H.L. et RIGAUX-BRICMONT B., « Perceptions of Marital Roles in Decision Processes », *Journal of Consumer Research*, 51-62, 1977.

DERBAIX C. et Brée J., *Comportement du Consommateur : présentation de textes choisis*, Paris, Économica, 2000.

DICHTER E., *Handbook of Consumer Motivations*, New York, Mac Graw Hill, 1964.

DUBOIS B., *Comprendre le consommateur*, 2e Paris, Dalloz, 1994.

EVANS F.B., « Psychological and Objective Factors in the Prediction of Brand Choice », *Journal of Business*, October, 340-369, 1959.

ENGEL J.-F., KOLLAT D.T. et BLACKWELL R.D., *Consumer Behavior*, 1re édition, The Dryden Press, 1968.

ENGEL J.-F., BLACKWELL R.D. et MINIARD P.W., *Consumer Behavior*, 8e édition, The Dryden Press, 1995.

EVRARD Y., « La satisfaction des consommateurs : état des recherches », *Revue Française du Marketing*, 144-145, 53-65, 1994.

FAZIO R.H., « How Do Attitudes Guide Behavior ? », in *The Handbook of Motivation and Cognition : Foundations of Social Behavior*, R. M. Sorrentino et E.T. Higgins (eds.), New-York, Guildford Press, 204-243, 1985.

FILSER M., *Le Comportement du consommateur*, Paris, Précis Dalloz, 1994.

FILSER, M., Le marketing de la production d'expérience : Statut théorique et implications managériales, *Décisions marketing*, 28, 2002.

FISHBEIN M. et AJZEN I., *Belief, Attitude, Intention and Behavior : an Introduction to Theory and Research*, Reading, MA : Addison-Wesley, 1975.

GILBERT D. et KAHL J.A., *The American Class Structure : a New Synthetis*, 3e édition, New York : Rinehart and Winston, 1982.

HAIRE M., « Projective Techniques in Marketing Research », *Journal of Marketing*, 649-652, 1950.

HALEY R.I., « Benefit Segmentation : a Decision Oriented Tool », *Journal of Marketing*, 32, 30-35, 1968.

HEER D.M., « The Measurement and Bases of Family Power : an Overview », *Mariage and Family*, 25, 133-139, 1965.

HETZEL P., *Planète conso*, Paris, Éditions d'Organisation, 2002.

HOLBROOK M. et HIRSCHMAN E., « The Experiential Aspects of Consumption : Consumer Fantasies, Feelings and Fun », *Journal of Consumer Research*, 9 (September), 132-139, 1982.

HOLT D.B., « How Consumers Consume : A Typology of Consumption Practices », Journal of Consumer Research, 22 (June), 1-16, 1995.

HORNEY K.B., *Our Inner Conflicts*, New-York, Norton, 1945.

HOWARD J.A. et SHETH J.N., *The Theory of Buyer Behavior*, New York, John Wiley and Sons, 1969.

HUNT K., *Conceptualization and Measurement of Consumer Satisfaction and Dissatisfaction*, Cambridge, Mass., Marketing Science Institute, 1979.

IRONMANGER D., *New Commodities an Consumer Behavior*, Cambridge University Press, 1972.

KASSARJIAN H.H. et SHEFFET M.J., « Personnality and Consumer Behavior : an Update », in *Perspectives in Consumer Behavior*, H.H. Kassarjian et T.S. Robertson (éds), 4e éd., Prentice Hall, 1991.

KATONA D., *Psychological Analysis of Economic Behavior*, New-York, Mac Graw Hill (traduction française : *Analyse psychologique du comportement économique*, Payot, 1969), 1951.

KATZ E. et LAZARSFELD P., *Personal Influence*, Glencoe, The Free Press, 1955.

KOPONEN A., « Personality Characteristics of Purchasers », *Journal of Advertising Research*, 1, 6-12, 1960.

KROEBER A.L. et KLUCKHOLN C., Culture : « A Critical Review of Concepts and Definitions », *Anthropoligical Papers*, Peabody Museum, n° 4, 1952.

KRUGMAN H., « The Impact of Television Advertising : Learning Without Involvment », *Public Opinion Quaterly*, 29, 349-356, 1965.

LADWEIN R., *Le Comportement du consommateur et de l'acheteur*, Paris, Économica, 1999.

LANCASTER K., *Consumer Demand, a New Approach*, Columbia University Press, New York, 1971.

LAURENT G. et KAPFERER J.N., « Les Profils d'implication », *Recherche et Applications en Marketing*, 1, 41-58, 1986.

LEVITT T., « The Globalization of Markets », *Harvard Business Review*, 61 (May-June), 92-102, 1983.

LEVY J. et MANCEAU D., « La recherche sur la satisfaction des clients : présentation et commentaire d'un choix d'articles sur trente ans », *Revue Française du Marketing*, 144-145, 101-123, 1994.

LEWIN K., *A Dynamic Theory of Personality*, New-York, Mac-Graw Hill, 1935.

MASLOW A., *Motivation and Personality*, 2e édition., New-York, Harper and Row, 1970.

MILLER G.A., « The Magical Number Seven, Plus or Minus Two: Some Limits on our Capacity for Processing Information », *Psychological Review*, 63, 81-97, 1956.

MOLES A., *La Théorie des objets*, Paris, éd. Universitaires, 1972.

MURRAY H.A., *Explorations in Personality*, New-York, Oxford University Press, 1938.

PAVLOV I.P., *Conditioned Reflexes*, Oxford, University Press, 1927.

PETTY R.R., CACIOPPO J.T. et SCHUMANN D., « Central and Peripherique Routes to Advertising Effectiveness: The Moderating Role of Involvment », *Journal of Consumer Research*, 10, 135-146, 1983.

PINSON C., MALHOTRA N.K. et JAIN A.K., « Les styles cognitifs des consommateurs », *Recherche et Applications en Marketing*, 3-1, 53-73, 1988.

PRAS B. et TARONDEAU J.-C., *Comportement de l'acheteur*, Paris, Sirey, 1981.

RIEUNIER S. (éd.), *Le Marketing sensoriel du point de vente*, Paris, Dunod, 4e éd., 2013.

RIEUNIER S. et VOLLE P., « Tendances de consommation et stratégies de différenciation des distributeurs », *Décisions Marketing*, 19-30, 2nde édition, 2006.

ROGERS C.R., « Some Observations on the Organization of Personality », *American Psychologist*, September, 358-368, 1947.

ROKEACH M., *The Nature of Human Values*, The Free Press, 1973.

ROSELIUS T., « Consumer Ranking of Risk Reduction Methods », *Journal of Marketing*, 35, 56-61, 1971.

ROTHSCHILD M.L., « Perspectives in Involvment: Current Problems and Future Directions », *Advances in Consumer Research*, T. Kinnear (éd.), MI: Ann Arbor, ACR, 11, 216-217, 1984.

SHERIF M. et CANTRIL H., *The Psychology of Ego-Involvment, Social Attitudes and Identifications*, New-York, John Wiley and Sons, 1947.

SKINNER B.F., *Science and Human Behavior*, New-York, The Free Press, 1953.

SPIRO R.L., « Persuasion in Family Decision Making », *Journal of Consumer Research*, 9, 393-402, 1983.

STRAZZIERI A., « Mesurer l'implication durable vis-à-vis d'un produit indépendamment du risque perçu », *Recherche et Applications en Marketing*, 9-1, 73-91, 1994.

VALETTE-FLORENCE P., « Les démarches de style de vie : concepts, champs d'investigation et problèmes actuels », *Recherche et Applications en Marketing*, 1-1, 93-109, 1986.

VALETTE-FLORENCE P., « L'univers psycho-sociologique des études de styles de vie : apports, limites et prolongements », *Revue Française du Marketing*, n° 141, 5-21, 1993.

VALETTE-FLORENCE P., Ferrandi J.M. et Roehrich G., « Apport des chaînages cognitifs à la segmentation des marchés », *Décisions Marketing*, 32, 31-43, 2003.

VEBLEN T., *La Théorie de la classe des loisirs*, Viking Press (édition originale : Mac Millan, 1899), 1948.

VAUGHN R., « How Advertising Works : A Planning Model », *Journal of Advertising Research*, 20, 27-33, 1980.

VERNETTE E., « Identifier les attributs déterminants : une comparaison de six méthodes », *Recherche et Applications en marketing*, 2-4, 1-21, 1987.

WATSON J.B., « Psychology as a Behaviorist Views It », *Psychological Review*, 20, 158-177, 1913.

YANKELOVITCH D., *The Yankelovitch Monitor*, Daniel Yankelovitch (éd.), 1974.

ZAÏCHSKOWSKI J.L., « Measuring the Involvment Construct », *Journal of Consumer Research*, 12, 341-352, 1985.

ZAJONC R.B. & MARKUS H., « Affective and Cognitive Factors in Preferences », *Journal of Consumer Research*, 9 (September), 123-131, 1982.

Index

Les topos

Économie - Gestion

Allard-Poesi F., *Management d'équipe*, 3e éd., 2012
Almeida (d') N., Libaert T., *La communication interne des entreprises*, 7e éd., 2014
Bardon P., Libaert T., *Le lobbying*, 2012
Brana S., Cazals M., *La monnaie*, 3e éd., 2014
Brasseur M., *Le coaching en entreprise*, 2009
Brée J., *Le comportement du consommateur*, 4e éd., 2017
Bressolles G., *Le marketing digital*, 2e éd., 2016
Cadin L., Guérin F., *La gestion des ressources humaines*, 4e éd., 2015
Catellani A., Sauvajol-Rialland C., *Les relations publiques*, 2015
Caumont D., *Les études de marché*, 5e éd., 2016
Caumont D., *La publicité*, 3e éd., 2012
Cocula F., *Introduction générale à la gestion*, 5e éd., 2014
Darpy D., *Le marketing*, 2e éd., 2015
Dejoux C., *Gestion des compétences et GPEC*, 2e éd., 2013
Dejoux C., *Du manager agile au leader designer*, 3e éd.,2017
Delpal F., Jacomet D., *Économie du luxe*, 2015
Eber N., *Théorie des jeux*, 3e éd., 2013
Fenneteau H., *Enquête : entretien et questionnaire*, 3e éd., 2015
Fournier C., *Management de la force de vente*, 2016
Gayant J.-P., *Économie du sport*, 2016
Jolivot A.-G., *Marketing international*, 2e éd., 2013
Lai C., Aimé I., *La marque*, 3e éd., 2016
Lamarque E., Maymo V., *Économie et gestion de la banque*, 2015
Lapert D., Munos A., *Marketing des services*, 2e éd, 2009
Lebaron F., *Les indicateurs sociaux au XXIe siècle*, 2011
Léger J.-Y., *La communication financière*, 2010
Leroy F., *Les stratégies de l'entreprise*, 4e éd., 2015
Libaert T., *Introduction à la communication*, 2e éd., 2014
Libaert T., *La communication de crise*, 4e éd., 2015
Libaert T., Johannes K., *La communication corporate*, 2e éd., 2016
Libaert T., Westphalen M.-H., *La communication externe des entreprises*, 4e éd., 2014
Lyonnet B., Senkel M.-P., *La logistique*, 2015
Marcon C., Moinet N., *L'intelligence économique*, 2e éd., 2011
Maugeri S., *Théories de la motivation au travail*, 2e éd., 2013
Maugeri S., *Gouvernances*, 2014
Mégard D., *La communication publique et territoriale*, 2e éd., 2017
Méritet S., Vaujour J.-B., *Économie de l'énergie*, 2015
Nizet J., Pichault F., *La coordination du travail dans les organisations*, 2012
Pascal C., *La communication événementielle*, 2017
Petr C., *Le marketing du tourisme*, 2e éd., 2015
Peypoch N., Botti L., Solonandrasana B., *Économie du tourisme*, 2013
Plane J.-M., *Théorie des organisations*, 4e éd., 2013
Poulon F., *La pensée économique de Keynes*, 4e éd., 2016
Poulon F., *La pensée monétaire*, 2016
Soparnot R., *Organisation et gestion de l'entreprise*, 2e éd., 2012
Stimec A., *La négociation*, 2e éd., 2011
Walliser B., *Le parrainage : sponsoring et mécénat*, 2e éd., 2010

pca
cmb
édition pré-presse
livres numériques

44400 Rezé

75882 – (III) – OSB 80 – PCA – GCR
Dépôt légal : novembre 2018 – Suite du tirage : avril 2020

Achevé d'imprimer par Dupli-Print à Domont (95)
N° d'impression : 2020032896
www.dupli-print.fr

Imprimé en France